Schottland

Schottland

Fotos von Rainer Elpel
Text von Ursula Kaschmieder

Artcolor Verlag

Titel:
Zeugen längst vergangener Tage am Loch Duich: Wurzelstock mit Eilean Donon Castle im Hintergrund.

Frontispiz:
Wasser ist allgegenwärtig in den fast menschenleeren Northwestern Highlands, wie hier bei Rhiconich.

Seite 5:
Wie ein Zeichen der Versöhnung erscheint der Regenbogen nach einer schier endlosen Folge von Regenschauern.

© by Artcolor Verlag GmbH, D-59071 Hamm, 1995
© Bild S. 20: Archiv für Kunst und Geschichte, Berlin
Alle Rechte an Text und Bild vorbehalten.
Nachdruck, auch auszugsweise, nur nach vorheriger schriftlicher Genehmigung des Verlages gestattet.
Lektorat: Dr. Arno Kappler
Gestaltung: Anke Mielitz
Herstellung: Christine Stehling
Gesamtherstellung: W. A. S. Media Productions, 59071 Hamm
Printed in Germany 1995
ISBN 3-89261-169-6

Dieses Artcolor Buch ist auf 100% chlorfrei gebleichtem Papier (TCF) gedruckt.

Inhalt

Das Land und seine Geschichte 7

Schottland – „Scott-Land" 20

Die nationale Frage – Quo vadis Calidonia 30

Theodor Fontane: „Jenseit des Tweed" 42

Glasgow – eine heruntergekommene Schönheit erhebt wieder ihr Haupt 62

Reisehinweise 76

Das Land und seine Geschichte

„Jedes Tal heißt hier Glen, jeder Berg Ben, jeder See Loch und jeder Mann Mac...", schrieb der tschechische Schriftsteller Karel Čapek 1925 in seinen Briefen aus Schottland und wünschte sich, ein Poet zu sein, um die Schönheit der Landschaft angemessen ausdrücken zu können. Virginia Woolf hatte gar das Gefühl, das könne allenfalls ein Maler erreichen. Die bekannteste Landschaftsform Schottlands sind die Highlands, die in vielen Gedichten und Liedern immer wieder besungen wurden. Schottland umfaßt aber weitaus mehr als das sicherlich aufregende Hochland. Andere Gebiete wirken vielleicht weniger spektakulär und dramatisch, aber auch sie haben ihren eigenen Reiz und sind in vieler Hinsicht genauso typisch für Schottland wie die einsamen Bergländer im Norden.

Als Region, die im wahrsten Sinn des Wortes oft links liegen gelassen wird, wenn der ungeduldige Reisende auf der Hauptstraße A1 der Hauptstadt Edinburgh oder den Highlands zustrebt, erscheinen die Southern Uplands, das südschottische Bergland. Wer sich hier etwas Zeit nimmt, wird entdecken, daß an Landschaft im Grunde bereits alles vertreten ist, wofür Schottland steht: ein dünn besiedeltes, in einzelne Gebirgkuppen aufgelöstes Bergland, das allerdings nicht höher als 850 Meter aufsteigt, weite karge Heidehochflächen, fruchtbare Niederungen mit Ackerbau und saftigen Weiden, üppig bewachsene, idyllische Flußtäler und ebenso dichtbesiedelte Kohlenreviere und Standorte für Textilindustrie. Besonders der Südwesten erscheint von der Landwirtschaft geprägt, sanfthügelig mit endlosen grünen Weiden – ein ruhiges Bauernland, in dem die Schaf- und Rinderzucht von alters her Tradition hat. Entlang der Grenze zu England liegt das Borderland, jahrhundertelang heiß umkämpft und davon geprägt: Ruinenland, mit vielen Burgen, Turmfestungen und mächtigen mittelalterlichen Schlössern. Auch die berühmten Abteien der Borders – einst der wirtschaftliche und kulturelle Reichtum des Landes – zeugen heute als Ruinen von den Grenzkriegen. Was diese überstanden hatte, fiel zum Teil dem fanatischen Wüten radikaler Protestanten während der Reformation zum Opfer.

In den altertümlichen, beschaulichen Landstädtchen der Borders scheint die Zeit gemächlicher zu verstreichen als anderswo. Hier im Süden Schottlands waren die Lebensbedingungen schon immer und besonders nach dem endgültigen Frieden mit England 1746 besser als im Hochland. Hier lebten und wirkten auch die zwei berühmtesten schottischen Dichter, Robert Burns und Sir Walter Scott. Über das 18. und 19. Jahrhundert hinaus erzielten beide im In- und Ausland eine immense Resonanz.

Nach dem vielseitigen Süden wird der Besucher Schottlands von den Central Lowlands, dem Zentralschottischen Tiefland, empfangen. Flachwellig und fruchtbar ist es, von intensiver landwirtschaftlicher Nutzung und Ausbeutung der ehemals reichen Steinkohlen- und Eisenerzlager sowie Industrieansiedlungen geprägt. Seit Beginn der industriellen Revolution im 18. Jahrhundert zogen sie die Menschen aus dem kargen Norden und Nordwesten wie Magnete an. Heute lebt der weitaus größte Teil der schottischen Bevölkerung im „Industrial Belt", der Region zwischen Edinburgh und Glasgow, sowie in den Großräumen der Städte Dundee und Aberdeen an der Ostküste. In dieser Region erwarten den Besucher keine aufregenden Naturphänomene, aber dafür die vielfältigen Zeichen menschlichen Lebens, Wohnens und Arbeitens in Schottland. Die gegensätzlichen Metropolen Edinburgh und Glasgow locken jede auf ihre Weise mit ihren Angeboten an Architektur, Kultur und Kunst.

Die stolze Hauptstadt Edinburgh gilt als eine der schönsten Städte Großbritanniens, wenn nicht ganz Europas. Jedes Jahr ab Mitte August verwandelt sie sich in eine imposante Kulturbühne, auf der neben dem berühmten Internationalen Festival noch mehrere andere stattfinden: das alternative Fringe Festival, das Film- und das Jazz-Festival. Auch Edinburghs Erzrivalin Glasgow hat eine sehr aktive, ganz eigenständige Kulturszene und ist

St. Andrews Cathedral, aus dem 14. Jahrhundert, war einst die größte Kirche Schottlands. Nach der Reformation wurde sie ausgeplündert, dem Verfall preisgegeben und als Steinbruch benutzt.

Im alten Leanach Farmhouse auf dem Culloden Battlefield bei Inverness erinnert ein kleines Museum an die letzte Schlacht auf schottischem Boden.

längst nicht mehr die häßliche Industriemetropole, als die es noch vor 20 bis 30 Jahren galt. Viele andere Orte der Lowlands sind gleichfalls eine Reise wert und führen zudem tief in die schottische Geschichte ein, so wie die alte Bischofs- und Universitätsstadt St. Andrews oder die Festungsstadt Stirling.

Wer Städte, Menschen, Verkehrsstaus hinter sich lassen will, ist in den Highlands am besten aufgehoben. Der Grabenbruch des Great Glen, eine von Küste zu Küste reichende Spalte quer durch Schottland, teilt die Highlands in das Grampiangebirge im Süden und das Nordwestliche Hochland. Hier dominieren Rumpfgebirge aus uralten Gesteinen, baumlose Hochplateaus mit jäh aufragenden Restbergen aus besonders widerstandsfähigem Gestein, weite Moor- und Heideflächen und überall die Zeichen der eiszeitlichen Gletscher. Diese prägten die Landschaft, rundeten die Berge ab, bildeten enge Trogtäler, schürften Vertiefungen aus, die sich später mit Wasser füllten und zu den unzähligen Seen (lochs) wurden. Auch die zerrissene, von Felseninseln gesäumte Westküste mit ihren tief ins Land greifenden fjordartigen Armen wurde von den Gletschern geformt. Trotz der rauhen Natur und des oft unwirtlichen Klimas waren die Highlands nicht immer so einsam und menschenleer, wie sie uns heute erscheinen. Die besonders in den Hochlandtälern lebenden bäuerlichen Clangemeinschaften wurden von einer anderen, menschengemachten Eiszeit hinweggefegt und in alle Winde zerstreut.

Auch Schottlands westliche Inseln, die Inneren und Äußeren Hebriden, waren von diesen Ereignissen, den sogenannten Clearances, betroffen, von denen später noch die Rede sein wird. Von den insgesamt 500 Inseln unterschiedlicher Größe sind heute nur 30 bewohnt. Als erster atlantischer Wind- und Wellenbrecher vor der schottischen Küste sind die Äußeren Hebriden den Elementen besonders ausgesetzt, karg, baumlos, aber von ganz eigener herber Schönheit, in ihrer Abgeschiedenheit eine Welt für sich. Moore und Lochs beherrschen die hügelige Landschaft im Inneren der Inseln, an den Küsten wechseln traumhafte Sandstrände und wilde Felsklippen. Die Inneren Hebriden sind landschaftlich vielfältiger und verfügen zum Beispiel auf der Wolken- und Nebelinsel Skye über eine grandiose Bergwelt aus vulkanischen Gesteinen. Die isolierte Lage vieler Hebrideninseln erhielt die keltische Kultur und gälische Sprache weitaus lebendiger als auf dem schottischen Festland, wo sie fast ausgestorben ist. Nachbarschaftspflege, Solidarität und Geselligkeit haben auch heute noch einen besonders hohen Wert. Ebenso typisch, zumal für die Äußeren Hebriden, sind eine ans Fundamentalistische grenzende Sonntagsheiligung, der Rauch der Torffeuer aus den Kaminen und das Klappern der Webstühle, auf denen in Heimarbeit der berühmte Harris-Tweed gewebt wird.

Die nördlichen Inselgruppen Orkney und Shetland kamen wie die Hebriden erst im 15. Jahrhundert zu Schottland und zeigen auch heute noch eine starke skandinavische Prägung und eine Affinität zum nordischen Kulturkreis. Schon in der Steinzeit waren beide Inselgruppen besiedelt, wie eine Vielzahl eindrucksvoller prähistorischer Fundstätten beweist. Die Orkney-Inseln sind leichtes Hügelland, mit fruchtbaren Äckern und Weiden, während auf den Shetland-Inseln unfruchtbares Moor und Feuchtwiesen vorherrschen. Fischerei und Fischverarbeitung waren deshalb neben der Schafhaltung schon immer die Haupterwerbsquelle der Shetlander, zumindest bis zur Entdeckung von Erdöl vor der Küste. Das Öl brachte Wohlstand auf die Inseln, aber auch eine nicht zu unterschätzende Bedrohung der einzigartigen Natur. Die Havarie des Öltankers „Braer" im Januar 1993 an der Küste von Mainland war für die Shetlander ein tiefer Schock. Sowohl die Orkneys als auch die Shetlands sind für ihre großen Seevogelbrutkolonien und ihre Rast- und Überwinterungsgebiete für nordische Vogelarten berühmt. Nicht nur an den Küsten, auch in den Moor- und Heidegebieten mit ihren vielen Lochs sind Vögel gut zu beobachten.

Vom tiefen Süden bis in den hohen Norden – vielseitig bis gegensätzlich sind sie, die schottischen Landschaften, die Lowlands, Highlands und Islands. Sie vermitteln ungezähmte Ursprünglichkeit und Wildheit an den Küsten, Weite und Stille in oft menschenleeren Landschaften im Landesinneren. Gemeinsam ist ihnen das nördliche Licht, von gleißender Klarheit bis zu diffusen Grautönen in allen Schattierungen, dramatische Beleuch-

Viehzucht unter rauhen Klimaverhältnissen erforderte von jeher sehr widerstandsfähige Rassen, so wie die genügsamen Hochlandrinder.

tungseffekte mit wandernden Sonnenflecken und Wolkenschatten, welche die Farben in ungeahnter Brillanz aufleuchten und wieder ersterben lassen; gemeinsam auch das wetterwendische Klima, das zwischen Weltuntergangsstimmung und Euphorie alle Gemütsverfassungen hervorrufen kann; gemeinsam der fast immer und überall spürbare Wind, im Norden und Westen oft von buchstäblich atemberaubender Stärke. Gemeinsam sind ihnen schließlich auch die Veränderungen, welche die Menschen im Lauf der langen Geschichte dieses Landes mit sich brachten, wenn auch mit sehr unterschiedlichen Akzenten in den verschiedenen Regionen.

*

Schottlands Geschichte ist dramatisch, blutig und hochkompliziert, ähnlich wie die vieler anderer Länder auch. Sie erscheint gleichwohl tragischer, von selbstzerstörerischer Größe, wie der Autor Douglas Dunn meint. Sind die Schotten ein Volk tapferer Verlierer und politischer Narren, laut Tom Nairn, oder sind sie ein Volk, das seine nationale Eigenständigkeit und sein Selbstbestimmungsrecht immer wieder verteidigen mußte? Woher kommen die unterschiedlichen Strömungen, Interessenlagen, Sprachen, Kulturen im Land, die so oft eine starke einheitliche Verteidigungslinie nach außen verhinderten und statt dessen zu innenpolitischen Rivalitäten, Fehden und tödlichen Feindschaften führten? Der folgende kurze geschichtliche Überblick kann nur schlaglichtartig einige wichtige Ereignisse und Entwicklungen aufzeigen, die zu dem Schottland geführt haben, wie es sich uns heute darstellt. Er soll ferner dazu beitragen, dieses Land und seine Menschen mit ihren Eigenarten, Empfindlichkeiten und Werten besser zu verstehen.

Vergleicht man die Schotten mit einem Gewebe, das im wesentlichen in den zwölf Jahrhunderten nach der Zeitenwende entstanden ist, sind es viele bunte Fäden, die zum charakteristischen Schotten-Muster beitragen: Römer, Skoten, Angeln, Wikinger, französische Normannen, hineingewebt in ein bestehendes Grundmuster aus Britonen (ein keltisches Volk südlich der Linie zwischen Firth of Forth und Firth of Clyde) und Pikten (ein anderes keltisches Volk im Osten Schottlands, jenseits des Firth of Tay). Erste Spuren der Besiedlung gehen bis in die Steinzeit zurück.

Als die Römer 79 nach Christus in das barbarische Kaledonien, wie sie es nannten, vorstießen, trafen sie auf eine vielfältige keltische Stammesgesellschaft. Die Menschen lebten von Ackerbau, Viehzucht und Fischfang und verfügten über Befestigungsanlagen (brochs), in die sie sich bei Gefahr zurückziehen konnten. Für die römischen Invasions- und Besatzungstruppen waren die kämpferischen keltischen Stämme von Anfang an schwierige Gegner. Trotz befestigter Grenzwälle (Hadrians- und Antonius-Wall) und römischer Siege kam es immer wieder zu Angriffen und Vorstößen der mit Guerilla-Taktik kämpfenden Einheimischen. Im 6. Jahrhundert schlossen sich die nördlichen Stämme zum Königreich der Pikten zusammen.

Um 500 nach Christus gründeten keltische Einwanderer aus Nordirland eine Kolonie im heutigen Argyll in Westschottland, das Königreich Dalriada. Sie nannten sich Skoten, erweiterten in der Folgezeit ihren Einfluß und dehnten ihr Stammesgebiet an der Küste aus. Mit den Pikten gab es je nach Interessenslage befristete Bündnisse oder erbitterte Kämpfe.

Im 7. Jahrhundert kam ein weiteres Volk, ein neuer Faden für das Gewebe des zukünftigen Schottland hinzu. Auf der Suche nach Land und Macht drängten die Angelsachsen nach Norden. Ursprünglich aus dem heutigen Schleswig-Holstein und Süddänemark stammend, war dieses germanische Volk schließlich in Nordost-England seßhaft geworden. Ihre Landnahme in Schottland war erfolgreich, sie überschritten vorübergehend sogar den Firth of Forth und etablierten sich schließlich fest im südlichen Schottland, das damit als einzige Region nicht mehr keltisch war. Angesichts der angelsächsischen Bedrohung näherten sich die kriegerischen Pikten und Skoten allmählich einander an und wurden 843 unter dem Skotenführer Kenneth MacAlpin zu einem gemeinsamen Königreich vereint, das sich Scotia (Schottland) nannte.

Gemeinsam konnten sie sich nun auch besser gegen eine neue Gefahr aus dem Norden verteidigen: Seit dem 8. und 9. Jahrhundert suchten Wikinger aus Norwegen als Räuber und Plünderer die Küsten und Inseln Schottlands heim. Mit der

Der weite Himmel über der Orkneyinsel Mainland spiegelt sich in den ruhigen Gewässern des Loch of Harray, einem der vielen fischreichen Seen der Inselgruppe.

Anderswo längst verschwunden und durch kühle Glaszellen ersetzt – in Schottland noch vielerorts vorhanden, oft in malerischer Lage, wie hier in Plockton an der Westküste.

Zeit ließen sie sich auch zunehmend als Siedler nieder, besonders auf den Orkney- und Shetland-Inseln, auf den Äußeren Hebriden und in Caithness. Es kam also ein starker skandinavischer Einfluß als neuer Faden für das Gewebe hinzu.

Als zusätzlicher verbindender Faktor für alle kann das Christentum gesehen werden, das sich im 5. und 6. Jahrhundert von Irland aus in Schottland verbreitete.

1034 umfaßte das vereinigte Königreich Schottland unter König Duncan in etwa die heutigen Grenzen, mit Ausnahme der von den Wikingern beherrschten Gebiete im Norden und Westen. Aus den vielen verschiedenen Fäden war ein kompliziertes, vielfarbig gemustertes Gewebe geworden, dessen Belastbarkeit oft auf die Probe gestellt werden sollte. Während die Römer nach ihrem Rückzug Ende des 4. Jahrhunderts wenig nachhaltig Spürbares hinterließen, hatten die Invasionen der nachfolgenden Jahrhunderte sowohl Menschen als auch neue Ideen und Sprachen mit sich gebracht, die blieben. Auch später noch trugen andere Völker zur Vervollständigung des schottischen Webmusters bei: die Anglo-Normannen im 12. Jahrhundert, flämische Siedler in Lanarkshire, Fife und Moray, irische Zuwanderer im 19. Jahrhundert.

Die Veränderungen im 12. Jahrhundert bewirkten einen ersten starken Gegensatz in der Entwicklung der Highlands und Lowlands. Im Verlauf der normannischen Invasion in England ab 1066 flohen viele Adlige und Angehörige der Bildungselite aus der angelsächsischen Bevölkerung ins südliche Schottland. Sie alle brachten ihre Sprache und Traditionen in die Lowlands mit und vertieften somit den Unterschied zu den rein keltischen, gälisch sprechenden Highlands, in denen das alte patriarchalische System der Clans fortbestand. Unter König David (1124 – 1153) wurde diese Kluft noch tiefer. Mit Hilfe normannischer, französisch sprechender Vasallen baute er in den Lowlands einen straff organisierten Feudalstaat auf. Städte und Klöster wurden gegründet, Kathedralen gebaut, ein einheitliches Rechtssystem eingeführt, Handel und Verkehr gefördert. An den Highlands ging diese Entwicklung weitgehend vorbei. Die keltischen Häuptlinge im Westen sahen sich als unabhängige Herrscher ohne besondere Verpflichtung oder Loyalität gegenüber dem schottischen Königshaus. Allerdings waren sie auch untereinander alles andere als einig, so daß es schottischen oder englischen Herrschern immer wieder gelingen sollte, durch wechselnde Gunstbeweise die Clans gegeneinander auszuspielen und aufeinander zu hetzen. Als Gemeinschaften mit starkem Zusammengehörigkeitsgefühl boten die Clans ihren Mitgliedern Schutz und Geborgenheit, verlangten aber auch Gehorsam und Gefolgschaft den Chiefs (Häuptlingen) gegenüber.

Schottlands Nachbarn im Süden war es nicht entgangen, daß sich das Land im Norden während des Mittelalters recht positiv entwickelte, und so entstanden Begehrlichkeiten. Seit dem 13. Jahrhundert versuchte die englische Krone, Schottland unter ihren Einfluß zu bringen. Krieg zwischen den beiden Staaten war nicht die Ausnahme, sondern fast durchgehend die Regel. Offenbar war es für England unerträglich, im Norden der Insel einen so eigensinnigen, streitbaren und unberechenbaren Nachbarn zu haben, der sich obendrein seit 1165 immer wieder mit dem Erzfeind Frankreich verbündete.

Unter den Hammerschlägen des mächtigen englischen Königs Edward I. schien Schottland Ende des 13. Jahrhunderts zusammenzubrechen und seine Unabhängigkeit zu verlieren. William Wallace und Robert Bruce gelang es, die zerstrittenen Clans zum Widerstand gegen England zu einen und in zwei entscheidenden Schlachten 1297 und 1314 bei Bannockburn trotz starker zahlenmäßiger Unterlegenheit zum Sieg zu führen. Auch heute noch spricht man in Schottland mit Achtung und Stolz von den zu Nationalhelden erhobenen Männern. Niemandem vor Bruce, seit 1306 schottischer König, war es gelungen, das schottische Volk so zusammenzuschweißen und ihm ein Nationalgefühl zu geben. Die Deklaration von Arbroath, 1320 von allen führenden Edelleuten Schottlands unterzeichnet, bezeugte ihre Ergebenheit gegenüber König Robert und die Entschlossenheit, für ihre Freiheit zu kämpfen:

„So long as a hundred of us remain alive, we shall never, under any condi0tions, submit to English domination ... We fight not for glory, nor riches, nor honour, but only for that liberty which

Rushhour am Postamt von Skerray, zwischen Tongue und Bettyhill, im Norden von Sutherland

no true man relinquishes but with his life."

(Solange 100 von uns überleben, werden wir niemals, unter keinen Umständen, uns der englischen Herrschaft unterwerfen... Wir kämpfen nicht um Ruhm, Reichtum und Ehre, sondern um die Freiheit allein ...)

1328 wurde der ersehnte Friedensvertrag zwischen Schottland und England unterzeichnet und hierin Schottland als unabhängiges Königreich anerkannt.

Fast 400 Jahre blieb diese Autonomie bestehen, aber von Frieden konnte keine Rede sein. Die nationale Einheit hielt nicht lange vor, denn zum Großteil basierte sie auf der Persönlichkeit von Bruce. Als dessen Sohn David II. kinderlos starb, ging die Thronfolge 1371 auf seinen Enkel Robert Stewart über. Das Geschlecht der Stewarts (Stuarts) sollte für die nächsten 350 Jahre die Geschicke Schottlands wesentlich bestimmen.

Schwierige Zeiten waren es, gezeichnet von immer wieder aufflammenden Auseinandersetzungen mit England und von schweren innenpolitischen Tumulten. Ein zeitgenössischer Beobachter schrieb über die Schotten: „They spend all their time in wars and when there is no war they fight one another." (Sie verbringen all ihre Zeit damit, Kriege zu führen, und wenn es mal keinen Krieg gibt, bekämpfen sie sich gegenseitig). Recht- und Gesetzlosigkeit waren an der Tagesordnung. Die Stuart-Könige standen der Entwicklung oft genug machtlos gegenüber und versuchten, zum Teil mit drakonischen Maßnahmen, die Situation in den Griff zu bekommen. Auch für sie selbst war es ein gefährliches Leben: Fast alle Angehörigen der Dynastie starben eines gewaltsamen Todes. Während in den Städten Handel und Handwerk einen Aufschwung nahmen, reiche Klöster entstanden, 1411 die erste Universität gegründet wurde, lebte das einfache Volk, von Hungersnöten und Pestepidemien geplagt, in tiefer Not. Der populärste der Stuart-Könige James IV. (1488-1513) schaffte es schließlich, das Land unter einem starken Königshaus zu einen und zu befrieden. 1513 ereignete sich indessen eine Katastrophe. Als James dem alten Bündnispartner Frankreich gegenüber seine „Auld Alliance" erneuerte, um dem bedrängten Partner beizustehen, kam es bei Flodden Field zu einer Schlacht mit einem weit überlegenen Heer der Engländer und zu einer vernichtenden Niederlage für die Schotten. Ein Großteil der Führungselite einschließlich des Königs und unzählige Soldaten verloren ihr Leben. Dieses Desaster lebt im Volkslied „The Flowers Of The Forest" fort, das Sterbelied Schottlands genannt. Theodor Fontane hat es übersetzt:

Ich hörte sie singen, wenn morgens sie gingen
Die Herde zu melken, die draußen steht;
Nun hör ich ihr Wehe, wo immer ich gehe -
Die Blumen des Waldes sind abgemäht.

Kein Erntereigen; es schweigen die Geigen,
Kein Tänzer, der fröhlich im Tanze sich dreht.
Auf Märkten und Messen die Lust ist vergessen -
Die Blumen des Waldes sind abgemäht.

Mit ihren tief herabgezogenen Strohdächern, gehalten von Heidekrautseilen mit Steingewichten, konnten die traditionellen Behausungen auch stärksten Stürmen trotzen.

Die nächsten großen Veränderungen brachte die Reformation nach Schottland. Wie auf dem europäischen Kontinent spaltete die Glaubensfrage auch hier die Menschen in zwei Lager. Während sich Mitte des 16. Jahrhunderts der Protestantismus zunehmend verbreitete und durchsetzte, propagiert von dem fanatischen Reformator John Knox, blieb das schottische Königshaus katholisch. Die junge lebenslustige Königin Maria Stuart sorgte aber nicht nur durch das Festhalten an ihrem Glauben für Kontroversen, sondern auch durch ihr turbulentes Privatleben und den nicht unberechtigten Anspruch auch auf den englischen Thron. Schließlich gewannen ihre Gegner die Oberhand und sie mußte zugunsten ihres erst einjährigen Sohnes James abdanken und fliehen. In England wurde sie gefangengenommen und nach 19 Jahren Arrest hingerichtet. Eine der vielen tragischen Heldengestalten Schottlands!

Ironie der Geschichte? Als die englische Queen Elizabeth I. 1603 kinderlos starb, wurde der Sohn ihrer Rivalin Maria Stuart, der schottische König James VI., ihr Nachfolger und damit gleichzeitig James I. von England. Erstmals waren England und Schottland unter einer Krone vereint. Der Anfang vom Ende der Unabhängigkeit, meinen nationalbewußte Schotten, wenn damals beide Länder auch noch weitgehend autonom waren und es für weitere 100 Jahre blieben.

Innere Spannungen, Spaltungen und Bürgerkriege erschütterten Schottland auch weiterhin. Immer wieder waren es die Religionsfrage und die Kirchenverfassung, um die erbittert gestritten wurde. Auf der einen Seite standen die radikal-protestantischen Covenanter mit den Prinzipien von puritanischer Schlichtheit, Gleichberechtigung, Trennung von Kirche und Staat; auf der anderen Seite die Jakobiter, die sich mehr an der anglikanischen Staatskirche orientierten, die in vielem noch dem katholischen Ritus anhing. Dadurch, daß die Highlands mehr jakobitisch und königstreu geblieben und die Lowlands mit dem Adel mehr radikal-protestantisch und auf das Parlament bezogen waren, ging der Riß durch das ganze Land. Mehr als 25 Jahre bekämpften sich die Gegner erbittert.

1688 wurde der katholische König James II./VII. nach dem Scheitern seiner toleranten Religionspolitik gezwungen, abzudanken und das Land zu verlassen. Die Nachfolge traten seine Tochter Mary und sein machthungriger Schwiegersohn aus Holland, Wilhelm von Oranien, an, strenge Protestanten. Beide wurden von den Jakobitischen Highland-Clans nicht akzeptiert, da für diese der vertriebene Stuart-König James ihr rechtmäßiger Herrscher war. Wilhelms drakonische Methoden, die Treue zu ihm zu erzwingen (Glencoe-Massaker), verschafften den Jakobiten noch mehr Zulauf.

In dieser innenpolitisch gespannten Situation erschütterte eine verheerende Wirtschaftskrise das Land. Trotz großer Spannungen mit England erschien für viele Schotten die einzige Hoffnung, der Not zu entkommen, in einem neuen

Übereinkommen mit dem südlichen Nachbarn. Die Aussicht, über neue Seerechte und den Zugang zu den Überseemärkten den bisher eingeschränkten Handel und damit die Wirtschaft zu beleben, ließ alte Ressentiments in den Hintergrund treten. Auch in England war man an einer Übereinkunft mit Schottland interessiert, da man das Wiedererstarken der Stuarts fürchtete. Verhandlungen über eine Vereinigung der beiden Länder wurden aufgenommen. 1707 beschloß das schottische Parlament, trotz einer starken Opposition und trotz einer ablehnenden Stimmung im Volk, die Vereinigung mit England. „We are bought and sold for English gold" (Wir sind verraten und verkauft für englisches Gold) sangen die Jakobiten, und Gerüchte über große Bestechungen von seiten Englands machten die Runde.

Als sich die schottischen Erwartungen, von England als gleichberechtigte Partner behandelt zu werden, nicht erfüllten, kam es zu einer zunehmenden Unzufriedenheit mit der Union. Besonders in den Highlands hatte man sich mit den Veränderungen nicht abgefunden und hielt den im französischen Exil lebenden Stuarts die Treue. 1715 versuchten deren Anhänger zum erstenmal, 1745/46 zum zweitenmal Schottland für die Stuarts zurückzugewinnen und die verhaßte Union abzuschütteln.

Beide Jakobitenaufstände scheiterten, aber der Anführer des zweiten Aufstandes, Charles Edward Stuart, der Enkel des vertriebenen Königs James II., schaffte es, ein beachtliches Volksheer aus Highlandern um sich zu scharen. Obwohl er damit sogar bis kurz vor London gelangte, zog er sich schließlich wieder nach Schottland zurück. Seine Berater hatten Charles davon überzeugt, daß ein weiteres Vorrücken zu riskant wäre. Im April 1746 kam es bei Culloden, nahe Inverness, zur entscheidenen Auseinandersetzung zwischen den ausgemergelten und schlecht ausgerüsteten Highlandern und dem stark überlegenen, ausgeruhten Heer aus Engländern und englandtreuen Tieflandschotten. Das Ergebnis war nicht nur eine vernichtende Niederlage der Anhänger Prince Charles, sondern ein brutales Gemetzel. „Keine Gefangenen" war die Devise, und so wurden auch Verwundete und Flüchtende nicht verschont. Ebensowenig verschont wurden in der Folgezeit die Angehörigen der

Aufrührer, ihre Besitzungen, alle Sympathisanten. Massenhinrichtungen, Vertreibung, Deportation war die Antwort der Engländer und Lowlander auf den Jakobitenaufstand.

Doch damit nicht genug. Der Widerstand der widerspenstigen Hochland-Clans sollte ein für allemal gebrochen werden. So wurden per Gesetz neben dem Tragen von Waffen alle Symbole der gälischen Kultur verboten: ihre Kleidung Tartan und Kilt, der Dudelsack und, was wohl am schlimmsten traf, auch die gälische Sprache. Das Clan-System wurde zerschlagen und damit die gesamte Sozialstruktur und ethische Ordnung in den Highlands verändert. Aus den Clan-Chiefs wurden mit der Zeit reine Landbesitzer, denen der Ertrag ihrer Ländereien wichtiger war als das Wohlergehen ihrer Clan-Mitglieder. Als Schafzucht im großen Stil mehr Gewinn erwarten ließ als die Pachteinnahmen der Kleinbauern (crofter), welche die Hochlandtäler bewirtschafteten, wurden Tausende zwangsweise umgesiedelt, bei Weigerung zu gehen von ihren Höfen vertrieben, ganze Dörfer niedergebrannt.

Die sogenannten „Clearances" gingen als eines der bittersten Kapitel in die schottische Geschichte ein. Eine Welle der Emigration nach Nordamerika, Kanada, Australien, Neuseeland setzte ein. Andere wanderten in die großen Industrierereviere ab, die zwischen Edinburgh und Glasgow entstanden. Bis Ende des 19. Jahrhunderts waren die Highlands fast vollständig entvölkert und weitgehend zwischen einigen wenigen Großgrundbesitzern aufgeteilt. Weite Flächen wurden allein für die Jagd freigehalten.

In den Lowlands verlief die Entwicklung konträr. Nach Culloden kehrte eine Zeit der Ruhe und des Friedens ein. Die wirtschaftlichen Kräfte des Landes konnten sich entfalten. Die Teilhabe am aufstrebenden British Empire machte sich bezahlt. Aufblühender Tabakhandel und erfolgreiche Textilindustrie, später Schwerindustrie und Schiffbau brachten Arbeitsplätze für Tausende, aber auch übervölkerte Slums und Reichtum für die bürgerliche Oberschicht. Glasgow entwickelte sich zur Handels- und Industriemetropole, Edinburgh zur Kulturhauptstadt. Im ganzen Land wurden Straßen, Brücken, Kanäle, Eisenbahnlinien gebaut. Erfinder, Denker und Künstler von internatinonaler Bedeutung machten auf ihr Heimatland Schottland aufmerksam. Das ehemalige „enfant terrible" der Britischen Inseln war plötzlich voll rehabilitiert. Einen wesentlichen Anteil daran hatten auch Robert Burns und Walter Scott, die mit ihren literarischen Werken sowohl in England als auch auf dem europäischen Kontinent eine wahre Schottlandbegeisterung auslösten. Zu den ersten enthusiastischen Hochlandtouristen gehörten Queen Victoria und ihr Ehemann, die sich im Tal des Dee River einen Sommersitz schufen: Balmoral Castle. Der Grundstein für den Schottland-Tourismus war gelegt, der heute einen der wichtigsten Erwerbszweige des Landes darstellt.

Mit der Wirtschaft insgesamt ging es in Schottland seit der Jahrhundertwende allerdings meistens bergab. Krisen und Rezessionen bestimmten das Bild, stärker noch als in England; hohe Arbeitslosigkeit und die massenhafte Abwanderung qalifizierter Fachkräfte waren die Folge und sind es zum Teil noch. Die Entdeckung des Nordseeöls vor der Küste Schottlands um 1970 schuf nur bedingte Erleichterung. Der Beitritt Großbritanniens zur Europäischen Gemeinschaft brachte dagegen neue Hoffnung und regionale Förderung nach Schottland. Inzwischen beginnt die langsame Umstellung der Wirtschaft von der Schwerindustrie zu Elektronik und Mikroelektronik zu greifen. Den traditionellen schottischen Wirtschaftszweigen Finanzwesen, Versicherungswirtschaft und Whiskyproduktion ging es schon immer gut.

Die kriegerische schottische Vergangenheit begegnet Besuchern auf Schritt und Tritt und ist für Einheimische oft noch erstaunlich lebendig.

Gruppenmitglieder von „The Clann" zeigen und demonstrieren alte schottische Waffen und Kampftechniken.

Auch in den Highlands haben sich die Lebensbedingungen in den letzten 50 Jahren wesentlich geändert. Die Erschließung durch Straßen und die Elektrifizierung bewirkten wohl die stärksten und nachhaltigsten Veränderungen. Fernsehen und Besucher aus der Fremde brachten neue Werte, Sicht- und Lebensweisen in die Wohnstuben der Menschen bis in abgelegenste Täler und Inseln. Die Welt ist kleiner geworden, die Menschen haben sich ein Stück weit angepaßt und erscheinen vielleicht etwas weniger schottisch als früher.

Was ist charakteristisch für die Menschen jenseits des Tweed und in alle Welt verstreut? Was steckt hinter den Klischees von den dudelsackspielenden, kilttragenden, whiskytrinkenden, streitlustigen, geizigen Schotten? Gibt es gehäuft anzutreffende Eigenschaften und Verhaltensweisen, welche die Schotten von anderen Menschen unterscheiden, eine Art Nationalcharakter? Sicher nicht im Sinn eines biologischen unveränderbaren Phänomens, aber durchaus anzunehmen als Folge gemeinsamer geschichtlich-politischer, sozialer und kultureller Erfahrungen. Nicht zu vergessen die prägenden Elemente der landschaftlichen Gegebenheiten, der Lage und des Klimas des Landes.

Als eines der markantesten Charakteristika der Schotten fällt auf, daß sie sich energisch dagegen verwehren, als Engländer bezeichnet zu werden. Selbst als Briten sehen sich nicht alle. In diesem Punkt zeigt sich nicht nur die Betonung einer eigenen nationalen Identität; hier spiegelt sich auch die jahrhundertelange Feindschaft zwischen Schottland und England wider, die selbst nach 250 Jahren noch nicht vergessen ist. Die uralte Unbefriedetheit des Landes könnte durchaus zu dem unternehmungslustigen, waghalsigen Geist beigetragen haben, der den Schotten nachgesagt wird. Die Armut, die lange Zeit das Land in weiten Teilen beherrschte, mag die Menschen hart, vorsichtig, sparsam und erfinderisch gemacht haben. Der calvinistische Glaube förderte vielleicht den Pioniergeist, der viele Schotten in aller Welt zum Erfolg führte. Das Klima und die harten Lebensbedingungen mögen zu einer Vorliebe für Whisky beigetragen haben. Doch woher kommt die Gegensätzlichkeit im schottischen Wesen, von der einheimische Autoren immer wieder berichten und die Robert Louis Stevenson mit seiner Erzählung von Dr. Jekyll und Mr. Hyde verewigt hat? Woher rührt die enge Nachbarschaft von gesundem Menschenverstand und Gefühlsduselei, von Strenggläubigkeit und Aberglauben, von sachlich-nüchterner und romantisierender Weltsicht, von ausgelassener, fast wilder Lebensfreude und puritanischer Strenge? John Buchan meint:

„In Wahrheit sind wir die gefühlvollsten und sentimentalsten Menschen auf Erden. Wir verheimlichen das natürlich und setzen eine Maske von ernster Würde und strenger Vorsicht auf, aber die andere Seite ist immer präsent und um so stärker, weil wir sie so tief verstecken."

Dem Besucher Schottlands begegnen in der Regel freundliches Interesse, natürliche Herzlichkeit und Hilfsbereitschaft, ein verschmitzter bis sarkastischer Humor mit einer herrlichen Zugabe von Selbstironie, clevere Geschäftstüchtigkeit, aber auch großzügige Gastfreundschaft. Auch wenn die Privatquartiere der Bed-And-Breakfast-Houses in ihren Angeboten immer professioneller und damit auch anonymer werden, gibt es noch die Häuser, in denen man sich bald wie ein persönlicher Gast der Familie fühlt. Wenn am Kaminfeuer dann die Teetassen oder die Whiskygläser kreisen und das Lebenswasser die Herzen erwärmt, spürt man mitunter auch die starke Liebe zur Heimat, den Stolz auf Erreichtes, die Trauer und die Bitterkeit aus uralten Quellen aufsteigen. Poesie und Folk-Musik nehmen diese Gefühle auf und transferieren sie auf eine überindividuelle Ebene. Sie rühren uns seltsam an, die wir doch aus ganz anderen Lebenswelten kommen. In den Tönen von Harfe und Dudelsack, in Gesängen und Gedichten spüren wir noch einmal den schnellen Wechsel von Regen, Wind und Sonne, die Wildheit, Stille und Einsamkeit der Lowlands, Highlands und Inseln, den Herzschlag der Geschichte und das Lachen und Weinen der Menschen. Es bleibt zu hoffen, daß die faszinierende Aura der schottischen Landschaft, Geschichte und Menschen nicht der bestehenden Gefahr der Vermarktung zum Opfer fällt. Der Tourismus hat viel für Schottland bewirkt, aber auch Veränderungen mit sich gebracht, die genau diese Aura zerstören können, die der Reisende in Schottland sucht.

Von den vier Klosterruinen im Borderland läßt Jedburgh Abbey noch am besten die einstige Größe und Schönheit erahnen.
Das Kloster war 1138 von König David I. gegründet worden. Es strahlt auch heute noch den Geist der Romanik und frühen Gotik aus.

Vom Aussichtspunkt „Scott´s View", den einst Sir Walter Scott besonders geliebt haben soll, schweift der Blick weit über den Tweed und die Eildon Hills.

Turmfestungen wie Smailholm Tower bei Kelso waren typisch für die unsichere Grenzregion der Borders. Die Scotts erwarben den wehrhaften Bau aus dem 16. Jahrhundert 100 Jahre später, und Sir Walter Scott war in seiner Jugend oft hier zu Besuch.

Schottland – „Scott-Land"

Es gibt viele herausragende Persönlichkeiten in der schottischen Geschichte, deren Bedeutung über ihre eigene Zeitepoche weit hinausreicht: Freiheitskämpfer wie William Wallace oder Robert de Bruce, militant fanatische Reformatoren wie John Knox, der mit seinem moralischen Rigorismus einerseits und demokratischen Bildungswesen andererseits das Land entscheidend prägte, Philosophen wie David Hume, Wirtschaftstheoretiker wie Adam Smith, Dichter wie Robert Burns, um nur einige zu nennen. Eine Persönlichkeit des 18./19. Jahrhunderts, Sir Walter Scott, machte sich in besonderer Weise um sein Land verdient.

1771 in Edinburgh geboren, wurde er zunächst Jurist wie sein Vater und war 30 Jahre lang in dem Border-Städtchen Selkirk als Richter tätig. Seine Leidenschaft jedoch galt der Dichtkunst, und diese war es auch, die ihn zu einem der populärsten Autoren seiner Zeit machte. 1803 veröffentlichte er eine Sammlung volkstümlicher Balladen aus der Border-Region, die er auf zahlreichen Reisen selbst zusammengetragen und zum Teil ergänzt hatte. Ab 1814 wurde er durch seine historischen Romane berühmt: Tragisch-dramatische Heldengeschichten verbunden mit poetischen Naturschilderungen vor dem Hintergrund einer stark verklärten schottischen Vergangenheit. Begeisterte Leser besuchten schon bald die Schauplätze seiner Werke in Scharen und machten unbekannte Gebiete zu populären Ausflugsgebieten. Maler und später auch Fotografen folgten seinen Spuren.

Zusammen mit dem Poeten Robert Burns trug Scott wesentlich dazu bei, den Schotten das Selbstvertrauen und die Selbstachtung zurückzugeben, welche die Ereignisse der Vergangenheit beeinträchtigt bis zerstört hatten.

Das unglückliche Gefühl von Unterlegenheit und verlorener Identität, das der Union mit England gefolgt war, begann sich aufzulösen. Ein neues nationales Bewußtsein, der Mythos einer homogenen Nation konnte entstehen. Auch in England und dem übrigen Europa wurde durch Scotts Werk ein neues Interesse, ja eine wahre Schottlandbegeisterung ausgelöst. Es interessierte niemanden, daß das entstehende Bild von Schottland und den Schotten nicht immer sehr realitätsbezogen war. Aus den ehemals schrecklichen Wilden des Norden wurden in der öffentlichen Meinung nun furchtlose und tugendhafte Helden, ein kluges, tüchtiges, fröhliches, ehrliches, gastfreundliches Volk mit dem Herz auf dem rechten Fleck. Sogar Engländer waren nun stolz darauf, wenn sie schottische Vorfahren in ihrer Ahnenreihe finden konnten.

Auf dem Gipfel seines Ruhmes wurde Scott 1820 von König George IV. in den Adelsstand erhoben, bezog 1822 sein Märchenschloß Abbotsford in den Borders und gestaltete den Besuch des Königs in Schottland maßgeblich mit – den ersten Besuch eines britischen Monarchen seit 1651. Dann sank Scotts Glücksstern, und die letzten Jahre seines Lebens verliefen eher tragisch. Der Bankrott seines Verlegers, dessen Partner er war, verschuldete ihn mit umgerechnet über einer Million Mark. Zu stolz, um Hilfe anzunehmen, machte sich Scott daran, den Schuldenberg abzutragen. War er schon vorher ein unermüdlicher Vielschreiber gewesen, so wurde er jetzt zum Schreibautomaten. Er arbeitete sich buchstäblich zu Tode. „A waste of man, a waste of genius and a waste of work" (Welch eine Verschwendung an Leben, Arbeitskraft und Genie), meint Tom Scott, ein Namensvetter aus unseren Tagen.

Auch wenn er von manchen Zeitgenossen als Royalist, Unionist, unzeitgemäßer Konservativer, ja als Reaktionär verhöhnt wurde, auch wenn sein Werk heute in seiner Heimat weit weniger präsent ist als das von Robert Burns – Walter Scott wird unvergeßlich bleiben. Er begründete Anfang des 19. Jahrhunderts eine neue positive Bewertung des „Schottischen", die für die Entwicklung einer eigenen Nationalkultur sehr wichtig war und bis heute nachwirkt.

Sir Walter Scott wurde durch seine Balladen und historischen Romane in ganz Europa berühmt und löste eine wahre Schottlandbegeisterung aus.

Die sanfthügelige Borderregion, die viele Jahrhunderte heiß umkämpft war, spielt eine bedeutende Rolle im literarischen Werk von Sir Walter Scott.

Folgende Doppelseite:
Am Ostende der Princess Street ermöglicht der Carlton Hill einen herrlichen Ausblick über die Altstadt und klassizistische Neustadt von Edinburgh.

Das Highlight der vielfältigen Skyline von Edinburgh ist die mächtige Burg, die von ihrem vulkanischen Felsen aus über der Stadt wacht.

Wie eine Krone schweben die gotischen Strebebögen der High Kirk of St. Giles über der verwinkelten Altstadt, während auf den modernen Straßen der Verkehr strömt.

Einen reizvollen Kontrast zu den monochromen Heide- und Moorgebieten bildet die üppige Blumenpracht in den schottischen Schloß- und Hausgärten.

Folgende Doppelseite:
Auch im Fischernest Crail auf der Halbinsel Fife schmücken sich Häuser und Gärten mit leuchtenden Farben.

Die nationale Frage – Quo vadis Caledonia

Bis 1707 war Schottland sowohl eine Nation als auch ein unabhängiger Staat. Durch die Vereinigung mit England wurde die staatliche Souveränität aufgegeben, nicht aber nationale Institutionen wie das eigene Rechtssystem und Erziehungswesen sowie eine eigene Kirche. Auch ein gewisses Recht auf Selbstbestimmung in eigenen Angelegenheiten blieb erhalten. Die Nation war nicht erobert worden, aber die Zustimmung zur Union von Schottlands Seite her eher unwillig und ohne Begeisterung erfolgt. Auch die Form der Union (ohne eigenes Parlament) war nicht Schottlands Wahl, sondern Englands Bedingung gewesen. So war im Grunde abzusehen, daß nach einer Zeit der Resignation und Anpassung an die neuen Gegebenheiten die nationale Frage irgendwann wieder aktuell werden würde. Neben der verfassungsmäßigen Geschichte hat das Bewußtsein von der nationalen Eigenständigkeit Schottlands auch eine kulturelle Basis, genährt von einem Bildungssystem, das einst in ganz Europa als vorbildlich galt. Im Gegensatz zum englischen Klassendenken wurden hier seit der Reformation demokratische Ideale verwirklicht, das Recht auf Bildung für jedermann gewährt, egal ob reich oder arm.

Für viele Schotten war und bleibt die Union eine Bedrohung für das Überleben einer eigenen Kultur in Schottland. Nach einer vorübergehenden Blüte von Kunst, Philosophie und Wissenschaft im 18. und beginnenden 19. Jahrhundert kam es ab Mitte des 19. Jahrhunderts zu einer Stagnation. Erst das 20. Jahrhundert wurde dann wieder ein Zeitraum außergewöhnlicher Fruchtbarkeit auf allen kulturellen Gebieten. Die einheimischen Sprachen Gälisch und Scots wurden wiedererweckt. Was zur Sprache der Bauern, Armen

und Alten degradiert worden war, wurde endlich als Ausdruck einer alten, reichen, fast verlorengegangenen Kultur erkannt und gefördert. Großen Verdienst daran hatte Hugh McDiarmid, einer der bedeutendsten schottischen Literaten unseres Jahrhunderts. Es war sicher kein Zufall, daß parallel dazu das Bedürfnis nach mehr Selbstbestimmung stieg, ein politischer Nationalismus neu auflebte. Die Verschlechterung der ökonomisch-politischen Rahmenbedingungen durch den Zusammenbruch des British Empire und die Verstaatlichung der Wirtschaft auch in Schottland waren wichtige auslösende Faktoren. Träger der Autonomiebewegung war vor allem die 1934 gegründete „Scottish National Party" (SNP). In den siebziger Jahren brachten die Ölfunde vor Schottlands Küste die Überzeugung, auch wirtschaftlich ein interessanter Partner zu sein.

Das Selbstbewußtsein wuchs. Die schottische Unabhängigkeit wurde auch ökonomisch vorstellbar. Die Rufe nach „Devolution" (stärkere Selbstverwaltung mit einem eigenen Parlament) oder „Home-Rule" (staatliche Selbständigkeit) wurden lauter.

Trotzdem erreichte die 1979 angesetzte Volksabstimmung über die Teilautonomie Schottlands keine Mehrheit: nur 32,5 Prozent anstatt der vorgeschriebenen 40 aller Wahlberechtigten votierten dafür. 36,5 Prozent waren gar nicht zu Wahl gegangen – aus Desinteresse, Resignation, Verunsicherung wegen der Vielfalt der verschiedenen Devolution-Konzepte oder weil sie wirklich mit dem Status quo zufrieden waren?

Inzwischen sind mehr als 15 Jahre vergangen, und die nationale Frage ist keineswegs vom Tisch, sondern schwelt weiter. 1980-

1990 wurde im Verfassungskonvent versucht, einen Großteil der politischen und gesellschaftlichen Kräfte Schottlands unter dem Ziel der Selbstbestimmung zu einigen. 1992 demonstrierten 25 000 Menschen während des EG-Gipfels in Edinburgh für Home Rule. Bei den schottischen Kommunalwahlen im April 1995 erlitten die britischen Konservativen eine Niederlage. Immer mehr Schotten sehen ihre Belange nicht mehr durch die Regierung im fernen englischen London vertreten. Der überwältigende Sieg der Labour-Party, der auch die SNP weit hinter sich ließ, könnte als vorgezogene neue Volksabstimmung für die schottische Autonomie gedeutet werden. Labour hat diese zugesagt, sobald sie die Macht in Großbritannien übernehmen sollte.

Wie weit diese Autonomie gehen wird, bleibt abzuwarten – ob innerhalb Großbritanniens mit einem ähnlichen Status wie zum Beispiel der Freistaat Bayern innerhalb der Bundesrepublik Deutschland, oder ob außerhalb der Union bei gleichzeitigem EU-Beitritt – es wird sich zeigen. Insgesamt sind die Schotten doch eher vorsichtig und scheuen zum Teil vor den möglichen negativen Folgen einer Änderung des Status quo zurück. Eine Massenbasis für öffentlichen Protest ist (noch) nicht gegeben und Gewalt als Durchsetzungsmittel ist glücklicherweise nicht aktuell.

Es bleibt zu hoffen, daß die Schotten im eigenen Interesse, aber auch im Interesse Großbritanniens und Europas eine friedliche Lösung finden, die geeignet ist, die Mehrzahl der Betroffenen auch auf Zukunft hin zufriedenzustellen.

Der große Brunnen auf Dunnottar Castle bei Stonehaven war nach acht Monaten Belagerung durch Cromwells Truppen der letzte Lebensquell für die Verteidiger der Burg.

In der Cromarty Firth werden Ölbohrtürme gewartet und repariert, bevor sie wieder zu den Fundstellen weit vor der Küste geschleppt werden.

Die strategisch perfekte und höchst dramatische Lage von Dunnottar Castle auf einer schroffen Felsenhalbinsel hoch über dem Meer machte es lange Zeit uneinnehmbar.

Selbst Rinder und Schafe erscheinen in Schottland besonders wehrhaft, sind aber meist ausgesprochen friedliche Zeitgenossen.

Schottlands Bewohner mußten von jeher sehr einfallsreich sein, um ihren Lebensunterhalt verdienen zu können. Die Kombi-Einrichtung Kramladen mit Postamt in Dubford bei Gardenstown steht dafür genauso wie der Second-hand-Buchladen im Dorf Blair Atholl.

JACK HIGGINS
LE CARRÉ
LE CARRÉ
LAWRENCE SANDERS
FREDERICK FORSYTH
THE FOURTH PROTOCOL
Party Cooking
Fish 2
Home Freezing
Baking 1
Summer Desserts
Poultry and Game
Cooking with Eggs
Summer Cookery
Dictionary of Cookery Terms
Vegetables
Casseroles
Salads
Meat Cookery
PAUL GALLICO
JOHN LE CARRÉ
PROPHECY

Entlang der Nordküste des Bezirks Grampian reiht sich ein ehemaliges Fischernest ans andere. In Crovie sind fast alle Häuser zu Ferienwohnungen geworden.

Der schmale Küstensaum in Crovie bietet kaum Platz für die Häuserreihe. Bei Sturm fliegt die Gischt bis über die Schornsteine.

Folgende Doppelseite:
Nach dem lebhaften Aberdeen wirken Ruhe und Frieden der Grampian Highlands wie eine andere Welt.

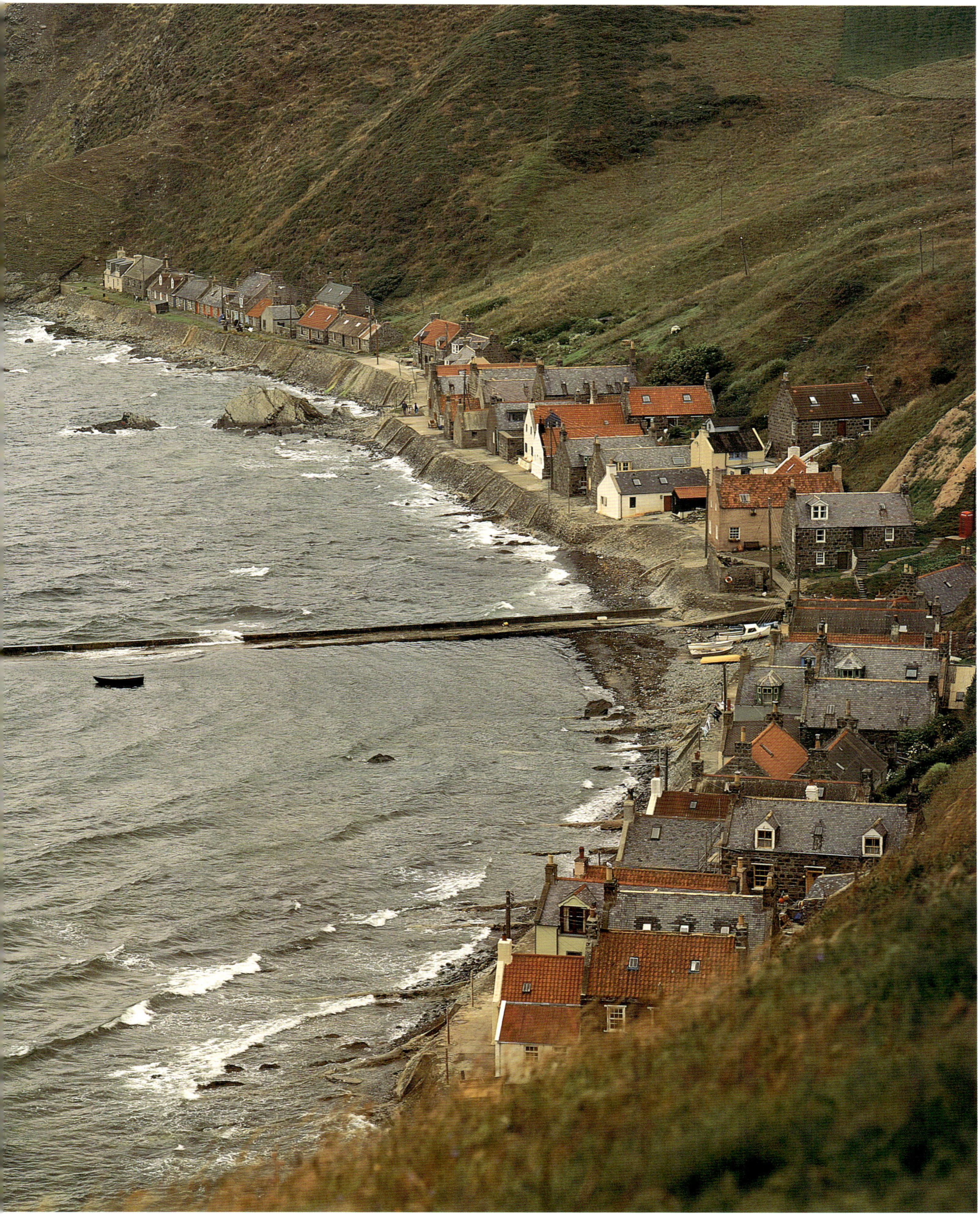

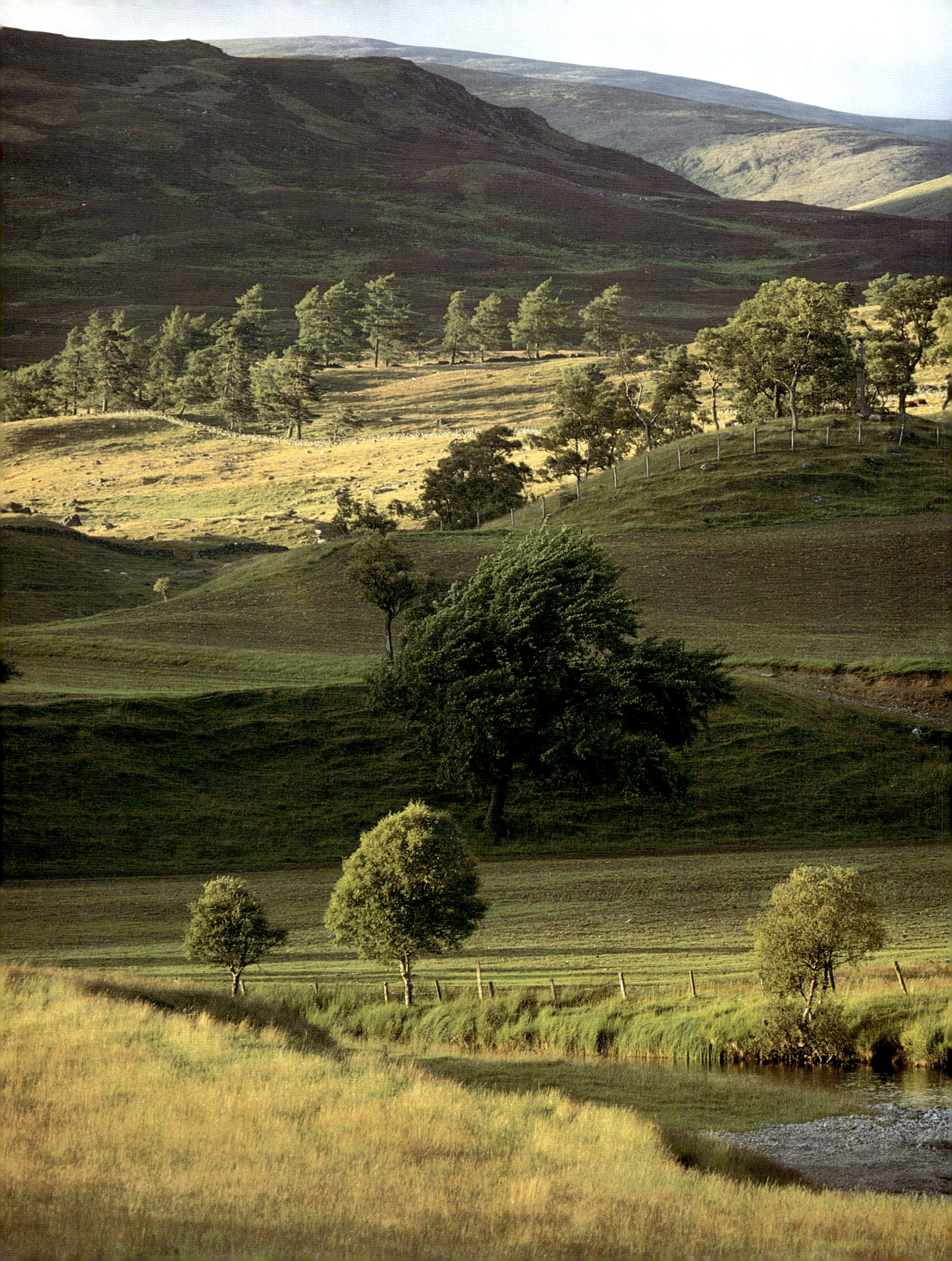

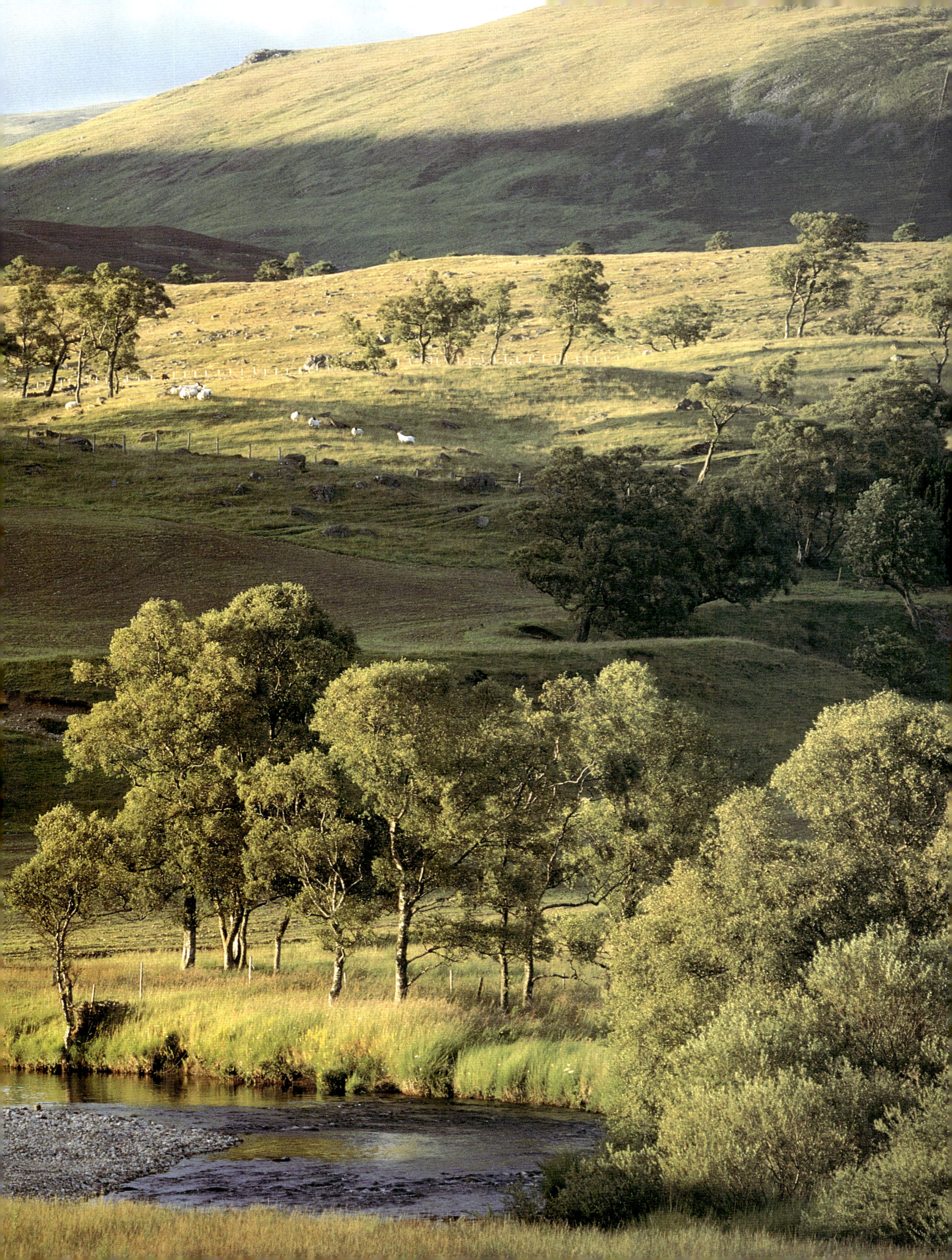

In den hohen Lagen der Grampian Highlands,
wie hier am Loch Ericht bei Dalwhinnie, hält sich
der Schnee bis in den Sommer.

Urquart Castle, an den geheimnisvollen Wassern des Loch Ness, war eine der größten und strategisch wichtigsten Burgen in Schottland.

Theodor Fontane: „Jenseit des Tweed"

Im August 1858 machte sich Theodor Fontane wie viele andere Zeitgenossen auf die Reise nach Schottland. Seit seiner Jugend hatte ihn das Land der Maria Stuart und des Archibald Douglas fasziniert, das er aus den Gedichten, Balladen und Romanen von Walter Scott zu kennen glaubte. So wurde seine Schottlandreise bewußt eine Reise in die Vergangenheit. „Jenseit des Tweed" Bilder und Briefe aus Schottland – seitdem hat sich viel verändert, aber vieles läßt sich auch heute noch ähnlich erleben wie zu Zeiten Theodor Fontanes.

Das Zitat ist dem Kapitel: „Von Perth bis Inverness" entnommen.

„Kurze Zeit nachdem wir die Nordspitze des Killiecrankie-Passes passiert hatten, erreichten wir Blair Atholl, ein Dorf mit etwa 300 Einwohnern, das nichtsdestoweniger auf allen Karten mit großen Buchstaben verzeichnet ist. Wir nähern uns nämlich jetzt dem großen Berg- und Heideterritorium der Grampians, das, ein paar hundert Quadratkilometer groß, wie eine unwirtbare Fläche sich zwischen das fruchtbare Land des Tay- und des Moray-Busens hineinschiebt, und, wie wir bald sehen werden, von solcher absoluten Öde und Kahlheit ist, daß das an seinem Südrand gelegene Dörfchen Blair zu einer unbestrittenen Residenz dieser Gegend wird. Unter Blinden ist der Einäugige König. Wir wechseln hier die Pferde und – unsere Plätze, machen die erste Bekanntschaft des echten, unverfeinerten Haferbrotes (oat-cake) und fahren nun weiter nordwärts immer am Garry-Fluß entlang, der noch bis zum Kamm der Grampians hin unser Begleiter bleibt. Die Zeichen menschlicher Kultur ersterben allmählich; kein Dorf mehr, das wir passieren, nur von Viertelmeile zu Viertelmeile begegnen wir einem Weiler hart am Wege, elende Hütten, weniger dazu da, um darin zu wohnen, als um den Weg zu zeigen, der aus dieser Öde in bessere Gegenden führt. Aus Torf und Rasen bauen sich diese Wohnungen auf, und das Stroh- und Lehmhaus unserer ärmsten Gegenden kommt dieser Armut gegenüber wieder zu Ehren. Aber so kümmerlich die Reste sind, die sich einem hier bieten, es sind doch immer noch Reste, und der Wanderer, der hier des Weges kommt, erfreut sich dieser Zeichen, wie sich der verschlagene Schiffer der harten Brotrinde freut, die seinen Tag und vielleicht sein Leben fristet.

Der weit vorgeschobenste Punkt heißt Dalnacardoch-Inn; nördlich von ihm beginnt die Grampian-Wüste. Ich habe nie Einsameres durchschritten. Und doch machten wir die Fahrt zur guten Jahreszeit, an einem heiteren Tage. Das Leben war über diese Gründe wenigstens hingeflogen und hatte seinen Lichtstrahl auf sie fallen lassen. Uns zur Linken schäumte der Garry, rechts von den hohen Berglehen sickerte das Schneewasser herab, an den Wasserrinnen entlang leuchtete das Grün und Rot des Heidekrauts, und aus dem moosigen Gestein flog von Zeit zu Zeit ein Bergvogel oder auch ein Volk Hühner auf. Wie muß es hier sein, wenn der Sommer seine warme Hand von diesen Feldern nimmt und der Wind das schwache Lebensflämmchen ausbläst, das hier still und geschäftig wirkt? So fragt' ich, und als ob die Grampians mich verstanden hätten, gaben sie Antwort auf meine Frage. Wolken zogen über den Himmel hin, und das warme Blau verwandelte sich in ein schwüles Grau, der Garry hörte auf zu schäumen, Moos und Heidekraut verschwanden, auch das Wasser schwieg, das von den Bergen gekommen war – wir hatten den großen Friedhof dieser stillen Gegenden erreicht. Ein meilenweites Blachfeld lag vor uns, über das der Tod – wenn nicht ein Schlimmerer – im Grimme hinweggegangen schien, mit zorniger Hand die Felsenzacken abreißend, wie der Sturm die Ähren von den Halmen reißt, und sie ausstreuend weit über das Feld hin. Es graute uns, als wir an diesem Saatfeld des Schreckens vorüberkamen, und das Gespräch stockte, das bis dahin so munter von allen Lippen geflossen war.

Wie einer, der einen finstern Traum gehabt und mit einem „Gott sei Dank" erwacht, weil eben alles ein Traum gewesen, so fiel es wie eine Last von uns ab, als, plötzlich fast, das Steinfeld sein Ende erreichte und nur noch das bequem zur Hand liegende Material gewesen zu sein schien, um ein steinernes Gasthaus mit steinernen Scheunen und einer hohen steinernen Mauer um beide herum daraus aufzuführen. Wie jubelten wir, als wir unter den blühenden Lindenbäumen dahinfuhren und aufspringend unsere Köpfe in die Blatt- und Blütenfülle hineinstreckten; keine Orangerie auf Terrassen und Freitreppen hatte uns je so herrlich gedünkt wie diese Lindenbäume, die das Wirtshaus Dalwhinnie umstanden. Mit einem Gefühl unverstellter Freude sahen wir über die hohe Gartenmauer in den Obst- und Küchengarten hinein, wo rot schillernde Kohlköpfe die Beete einfaßten und selbst ein paar Kirschen im Laub der Bäume steckten. Und nun das Haus selbst erst! Die alten Eckschränke mit Rokokoschnitzwerk und verschossenen Gardinen, das steinalte Mütterchen im Lehnstuhl, der Kamin, drin jahraus jahrein das Feuer prasselt, als gäb' es keinen Sommer hier, wie tut das alles wohl, und es hätte kaum noch „des Einzugs der Prinzessin Friedrich Wilhelm in Berlin" bedurft, der (den Illustrated London News entlehnt) in Buntfarbendruck an den Wänden hing, um uns, unter dem Vorteil des Kontrastes, den kurzen Aufenthalt in Dalwhinnie-Inn zum Glanzpunkt des Tages zu machen. Es hat einen Sinn, wenn sich auf den schottischen Hochlandskarten die Hütten und Weiler dieses Plateaus mit einer größeren Gewissenhaftigkeit verzeichnet finden als die Städte und Dörfer südlicher Distrikte. Denn im Süden können wir eines Dorfes, einer Stadt entbehren; die allernächste schon läßt uns den Verlust kaum noch als solchen empfinden; aber das einsame Haus an unwirtbarer Küste, in der Einöde des Gebirges, läßt uns erkennen, was es mit einer Menschenwohnung auf sich hat."

Über der alten Brücke im Glen Sligachan steigen am Horizont die wilden Gipfel der Black Cuillins in den Himmel, die den Südwesten der Isle of Skye prägen.

Seit mehr als 4000 Jahren stehen die geheimnisvollen Stones of Callanish auf der Insel Lewis, ein magischer Ort, der bis heute die Menschen bezaubert.

Die meisten Schotten auf dem Lande sind einem Schwätzchen nicht abgeneigt.

Mit Loch Eriboll als Kulisse spielt sich ein furioses Wolkentheater ab; in den Hauptrollen Regen, Sonne und Sturmwind.

Auf der Suche nach einem geruhsamen Lebensabend lassen sich viele Engländer in Schottland nieder.

Folgende Doppelseite:
Im später Frühjahr setzt der Stechginster leuchtende Farbakzente in die herben Grundtöne des Nordwestlichen Hochlands, wie hier bei Durness.

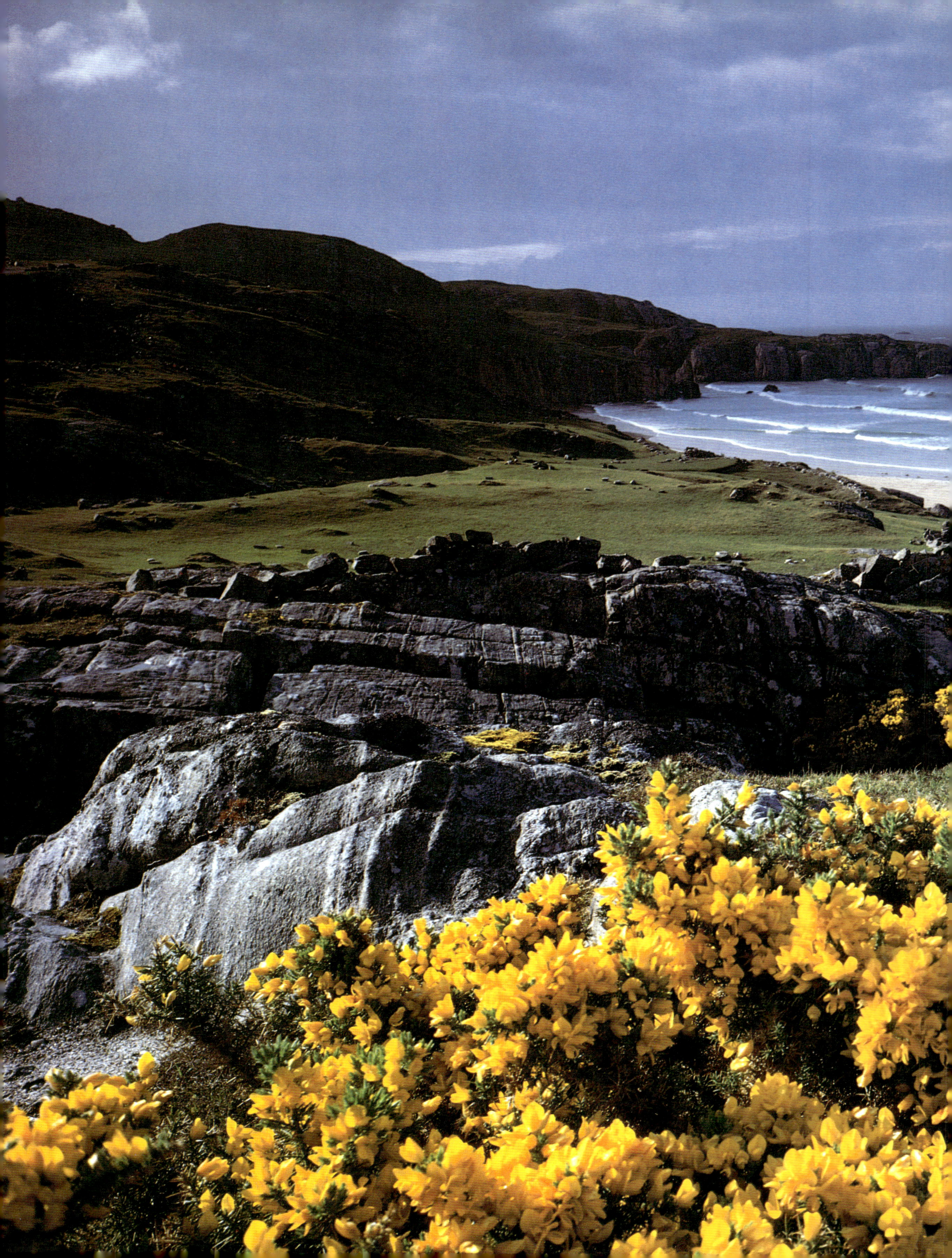

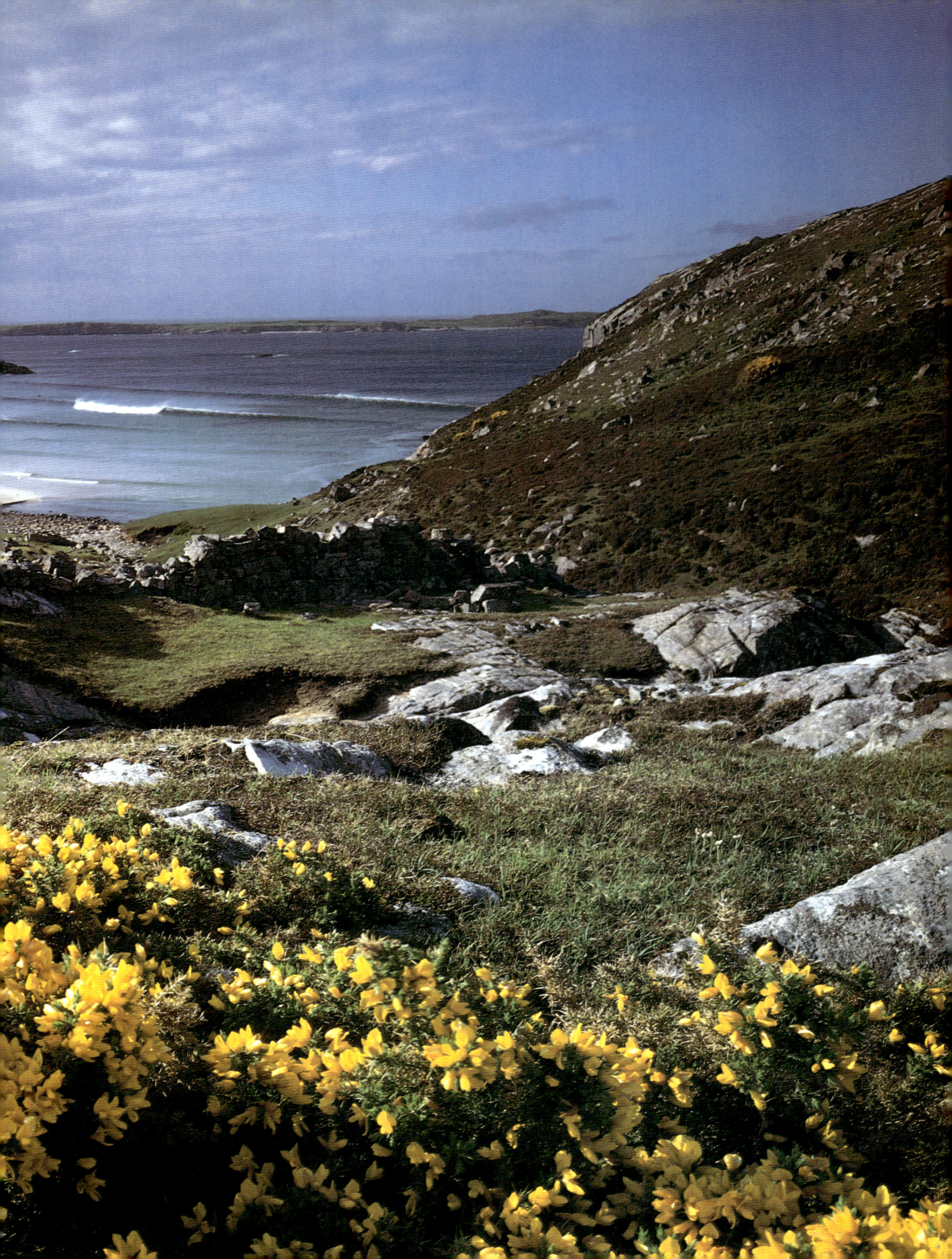

Die Halbinsel Ardneakie Tombollo im Loch Eriboll erwartet den nächsten Regenschauer.

Allgegenwärtig im Hochland: das Heidekraut.

Wie ein archaisches Bauwerk steht der Rundpferch in der Einsamkeit des Nordwestlichen Hochlandes bei Kinbrace.

Balnakeil Church, am gleichnamigen Strand gelegen, wurde bereits im 12. Jahrhundert urkundlich erwähnt.

49

Im geheimnisvollen Dämmerlicht wirkt Eilean Donan Castle wie eine Erscheinung.

Am nordöstlichen Ende von Loch Awe in der Region Argyll baute Sir Colin Campbell of Glenorchy um 1550 das malerische Kilchurn Castle.

Ganz im Westen der Isle of Skye ragt Neist Point mit seinem Leuchtturm weit hinaus ins Meer.

Wie die Farben der schottischen Fahne leuchten
Haus und Boot am Loch Laxford um die Wette.

Zum Glück gibt es auch in der Einsamkeit des
Hochlandes immer wieder mal ein Telefon.

53

Das ständig wechselnde Licht verwandelt die spektakulären Basaltformationen des Quiraing auf Skye in ein geheimnisvolles Feenland.

Viele Schotten wurden durch Armut oder die Macht der Grundherrn zur Auswanderung gezwungen. Manche ihrer Nachfahren kamen zurück in die Heimat.

Am Rande des düsteren Rannoch Moor erscheinen Geschichten von Hexen und Feen, Geistern und Kobolden nicht allzu weit hergeholt.

Früher oder später holt sich die Natur alles zurück, wie hier vor der Kulisse der Cuillins auf Skye.

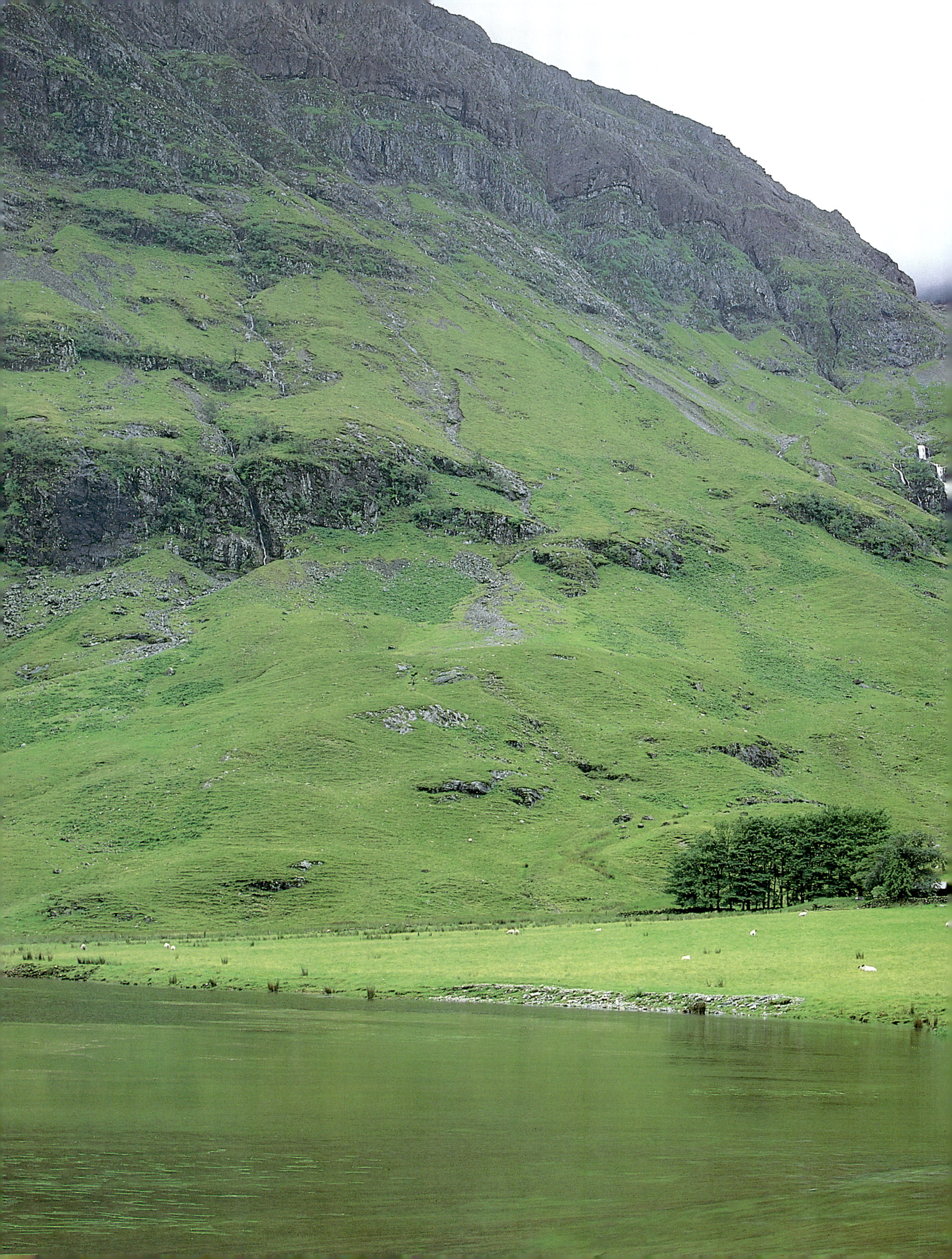

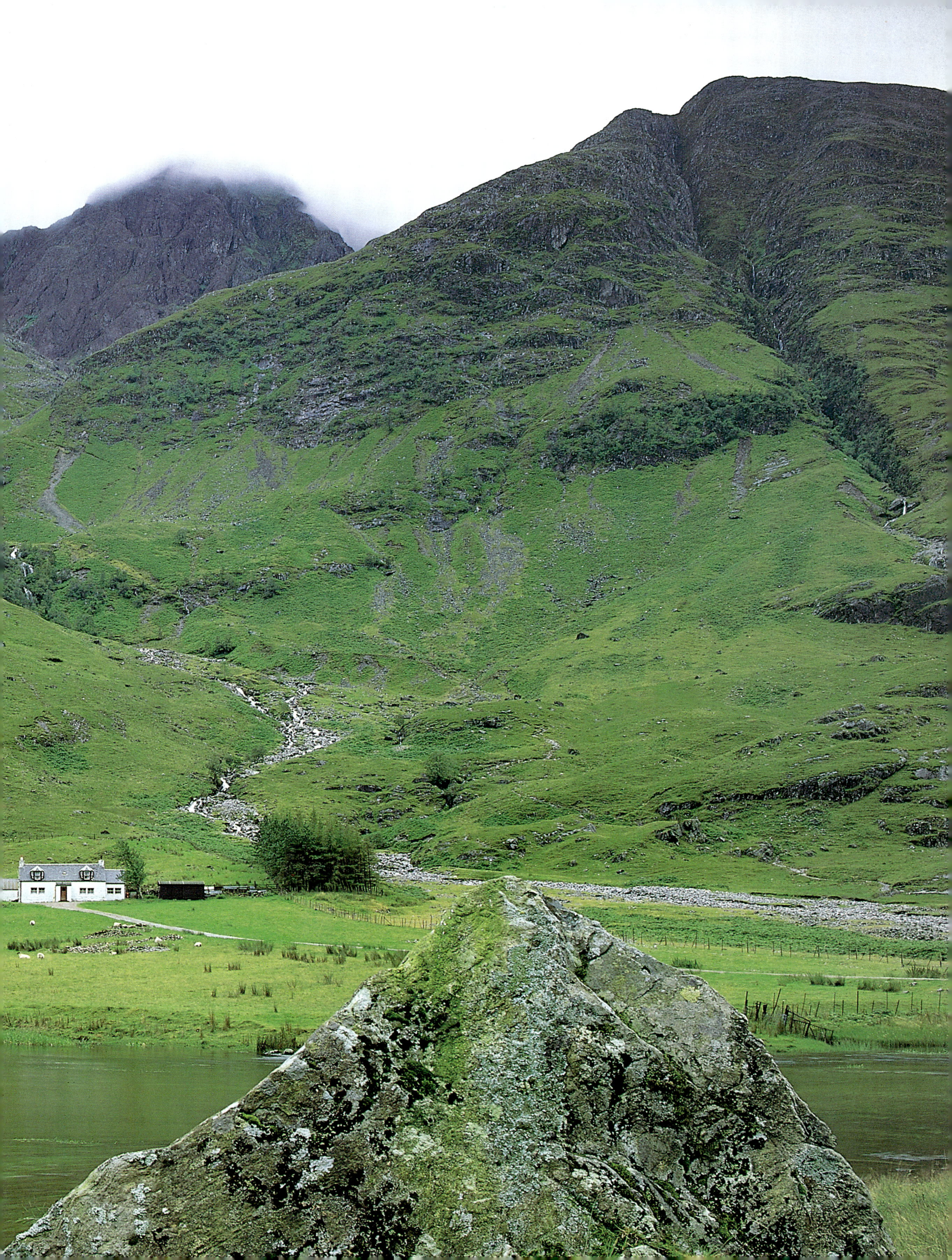

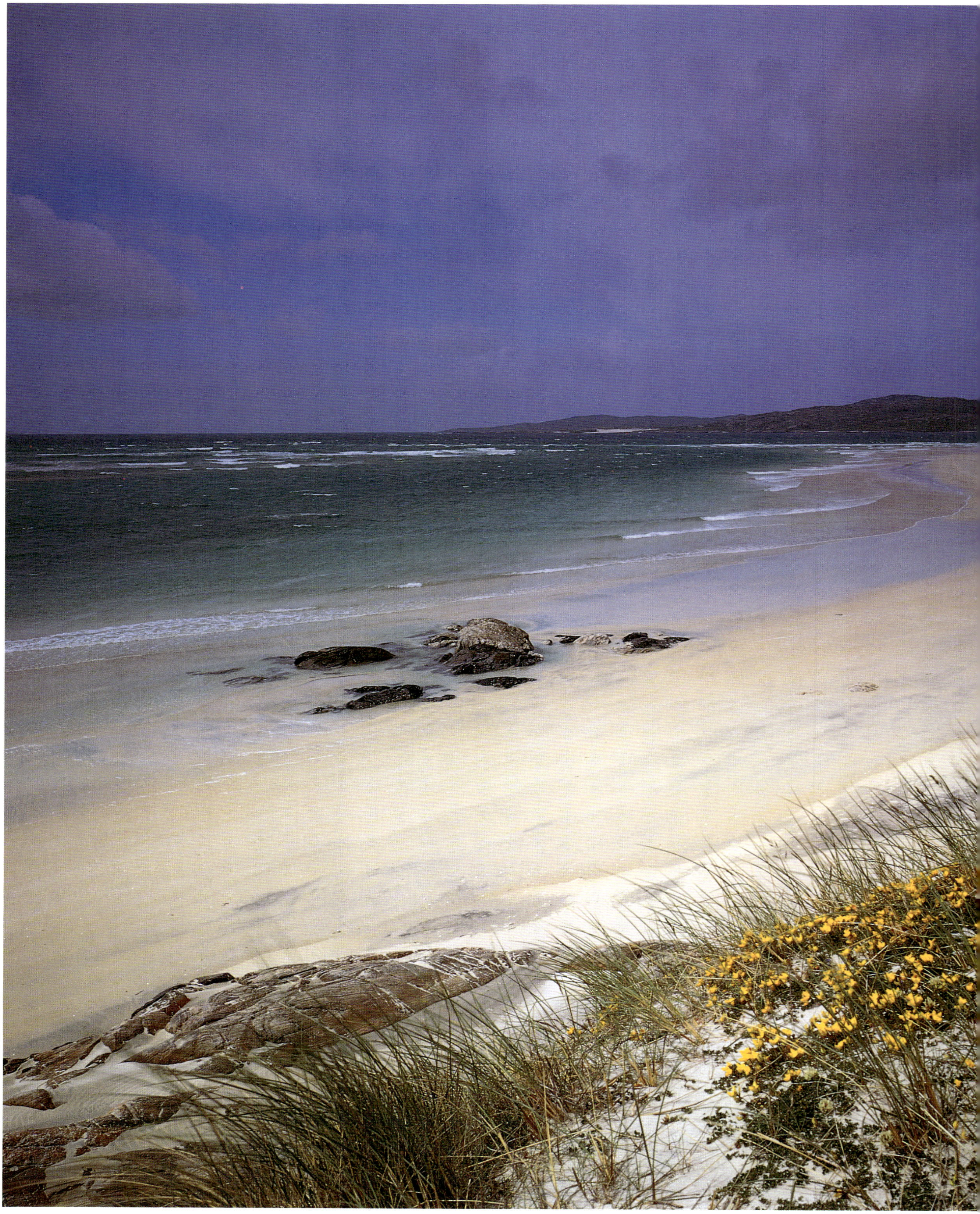

Im Westen der Insel Harris laden weite Sandstrände in weiß, beige und pfirsichgelb mit türkisklarem Wasser zum Träumen ein.

John MacGregor und Harris Tweed gehören untrennbar zusammen. Auf den Äußeren Hebriden bewahrte das Weben des Wollstoffes in Heimarbeit viele Menschen vor dem Verlassen der Heimat.

Vorhergehende Doppelseite:
Durch das berüchtigte Glencoe Massacre wurde Glen Coe in Strathclyde/Argyll zum Tal der Schatten und der Tränen.

Das Dun Carloway Broch auf der Insel Lewis ist ein gut erhaltenes Beispiel für diese früher zahlreichen Wehrbauten der Pikten.

In der Abendsonne erhalten die Farben der
Moorlandschaft und der Lochs im Zentrum der
Insel Lewis eine besondere Intensität.

Glasgow – eine heruntergekommene Schönheit erhebt wieder ihr Haupt

Die Auswahl Glasgows als „Ort mit besonderer Bedeutung für die Geschichte und Gegenwart Schottlands" erscheint im ersten Moment vielleicht etwas schwer nachvollziehbar. Wäre da nicht St. Andrews zum Beispiel viel passender gewesen, als großes kulturelles und religiöses Zentrum, Sitz der ältesten schottischen Universität, Wiege der schottischen Reformation, Mekka des Golfsports? Oder Iona, die Insel des heiligen Columbas und der toten Könige – die Wiege des Christentums in Schottland?

Daß wir uns trotzdem für Glasgow entscheiden, liegt weder an seiner Schönheit, noch an seiner Vergangenheit als Missionssiedlung, Wallfahrtsort und Bischofsstadt. Für uns zeigt Glasgow wie unter einem Vergrößerungsglas die Merkmale, Probleme und Gegensätze des modernen Schottland.

Da ist zum einen die Tendenz zur Urbanisierung, die seit dem 18. Jahrhundert immer mehr zunahm und das vormals ländlich strukturierte Schottland in weiten Teilen grundlegend veränderte. Diese Tendenz führte zur Entwicklung von überdimensionierten Großstädten, von denen Glasgow die mit Abstand größte ist. Der kometenhafte Aufstieg zum Handels- und Industriezentrum, das rapide Wirtschaftswachstum und der repräsentative Glanz in kommunalen und privaten Bauten wurden abgelöst von Abstieg und Verfall, Flaute und Niedergang, massenhafter Arbeitslosigkeit, Elend und Verzweiflung in extrem übervölkerten Slums.

Glasgow steht für die Hoffnung der unzähligen Zuwanderer aus den Highlands und aus Irland auf der Flucht vor Heimatlosigkeit, Armut und Hunger. Genauso steht es für den Abschiedsschmerz unzähliger Auswanderer, deren Hoffnung auf unbekannte Ziele in der Neuen Welt oder im südpazifischen Raum gerichtet war. Für diejenigen, die blieben, wurde Glasgow um die Jahrhundertwende zum Brennpunkt der Unzufriedenheit. Industriearbeiter und Bergleute begehrten gegen unzumutbare Arbeits- und Wohnbedingungen und schlechte Bezahlung auf. Sie organisierten sich in Gewerkschaften, demonstrierten und drohten mit Streik. Zeitweise war die Stimmung am „Red Clyde" so aufgeladen, daß Lenin glaubte, die britische Revolution würde in Glasgow beginnen. Doch der Protest blieb in geregelten Bahnen, fand zum Beispiel seinen Ausdruck in der neugegründeten schottischen Labour-Party, in der Einführung von Betriebsräten (der ersten in Großbritannien). Die einzigen gewalttätigen Auseinandersetzungen tobten zwischen rivalisierenden Streetgangs aus Protestanten und Katholiken, später zwischen militanten Fußballfans der Glasgow Celtics und der Glasgow Rangers. Das Elend der alten Slumviertel der Gorbals wurde abgerissen und durch die desolate Atmosphäre überdimensionierter Hochhaussiedlungen ersetzt. Noch 1975 stufte die EG das Eastend Glasgows als die schlimmste städtische Wohngegend Westeuropas ein.

Nach diesem Tiefpunkt kam es in den letzten 15 Jahren zu einem echten Aufschwung. Intensive Bemühungen der Verantwortlichen in Glasgow führten zu bemerkenswerten positiven Veränderungen. Der Slogan „Glasgow 's Miles Better" (Glasgow ist immer ein paar Meilen voraus) – anfangs ein eher verzweifelt-trotziger Wunsch nach Selbstbehauptung – wurde Schritt für Schritt in die Tat umgesetzt. Neben Abriß und Neubau trat nun die sensible Restaurierung von alten Bauwerken. Infrastruktur, Verkehrswege, Kommunikationskanäle wurden merklich verbessert, Kunst und Kultur intensiv gefördert. Einem der vielen berühmten Söhne der Stadt, dem Jugendstilarchitekten Charles Rennie Mackintosh, wurde endlich die ihm zukommende Würdigung zuteil. Als Krönung der Bemühungen erhielt Glasgow die Ernennung zur europäischen Kulturhauptstadt 1990. Aus den Schmuddelkindern der Nation waren wieder respektable selbstbewußte Partner geworden, die stolz auf ihre Stadt sein konnten. Seitdem steht Glasgow auch wieder für innovative Strömungen und Avantgarde in Kunst und Kultur, Aufgeschlossenheit und Dynamik. Wenn Edinburgh sich zu recht als Kopf und Intellekt Schottlands bezeichnet, ist Glasgow mit Sicherheit sein großzügiges Herz, meint ein schottischer Autor. Der Stolz dieser Stadt stützt sich nicht auf prächtige Straßen, vornehme An- und Aussichten und einen Königssitz. Seine vitalen offenen humorvollen Menschen mit ihrer unverblümten Sprache sind seine Majestät und sein Kapital. Glasgow ist weder eine typisch schottische, noch eine wirklich britische Stadt, sondern hat ein fast kosmopolitisches Gepräge mit einer starken Offenheit für Europa. Wenn die zuversichtliche Grundstimmung anhält, könnte Glasgow für ganz Schottland zum Symbol werden – ähnlich dem Phönix aus der Asche – für Hoffnung und Erneuerung nach schwierigen Zeiten.

Die alten Grabsteine der Necropolis hinter St. Mungo's Cathedral und die Wohntürme des modernen Glasgow bilden einen reizvollen Kontrast im Herzen der Stadt.

Erst am Abend läßt der lebhafte Verkehr in Glasgows George Street etwas nach.

Moderne Einkaufszentren wie Princes Square mit seiner exklusiven Note werben für Glasgow als attraktive Metropole.

Folgende Doppelseite:
Wie ein Denkmal zur Erinnerung an Glasgows goldenes Zeitalter erhebt sich der alte Kran am Clyde River.

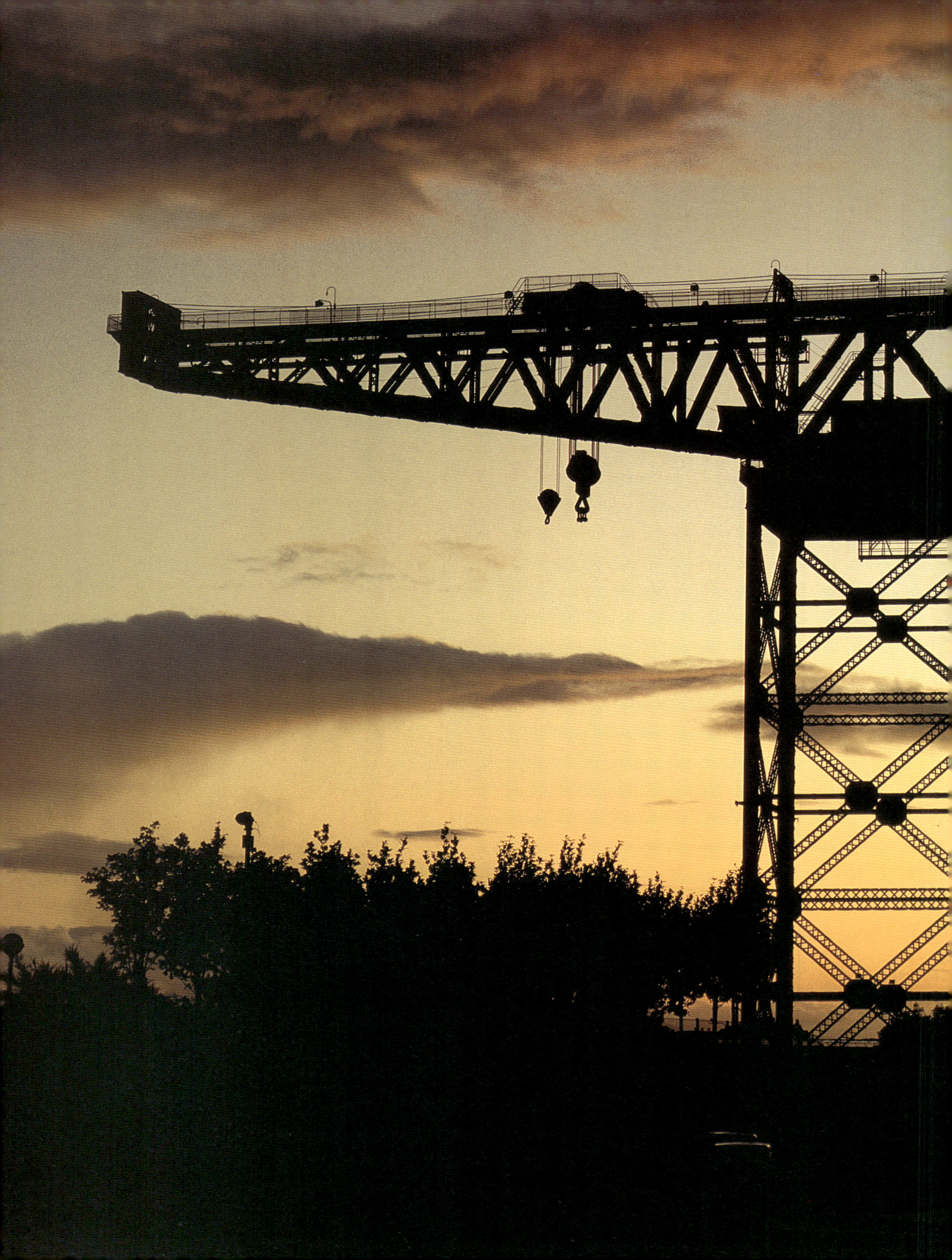

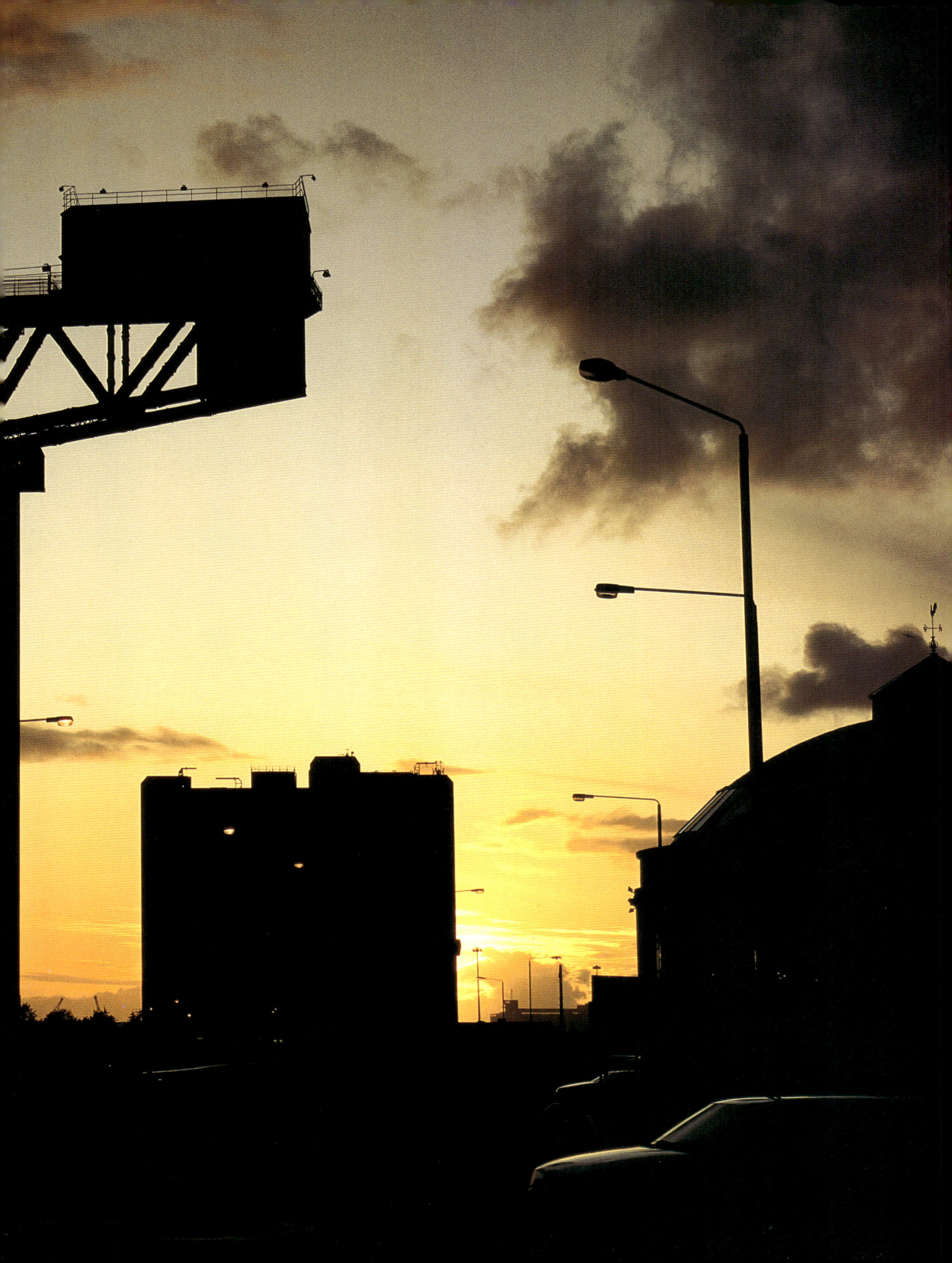

Steinkreis Ring of Brodgar auf Mainland/Orkney.

Der Papageientaucher, ein typischer Vertreter der Vogelwelt auf den schottischen Inseln.

Waiting for the postman!

Im Schatten der Standing Stones flüstern selbst die Schafe.

69

Der Hafen von Kirkwall auf Mainland/Orkney ist seit den Tagen der Wikinger ein Ziel für Boote aller Arten.

Blockadewrack „Collindoc" träumt an der Churchill Barrier Nr. 4 zwischen zwei Orkney-Inseln von besseren Zeiten.

Folgende Doppelseite:
Ein Besuch bei Edwin, Davy und Kater Hakon in Happy Valley erscheint wie eine Reise in die Vergangenheit.

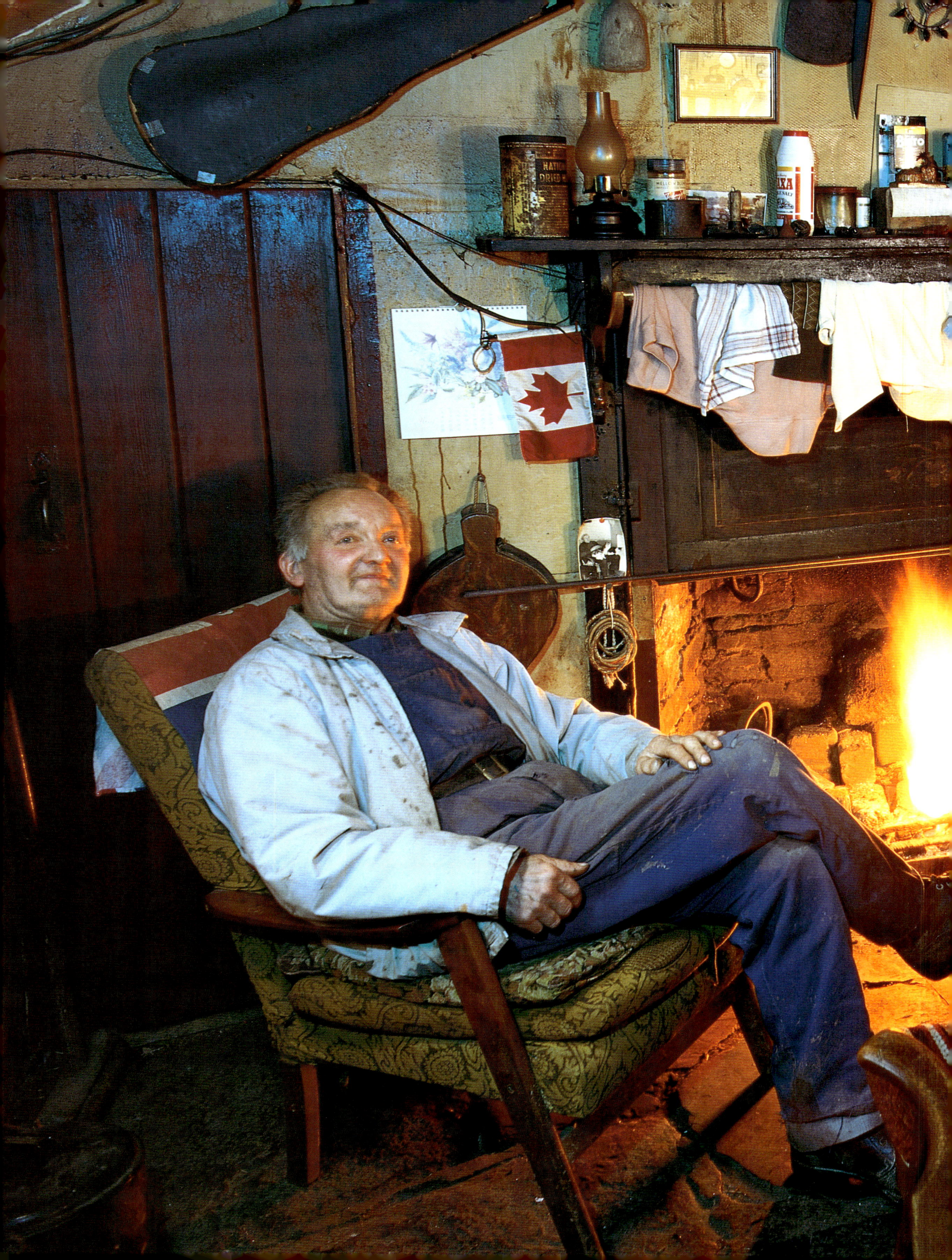

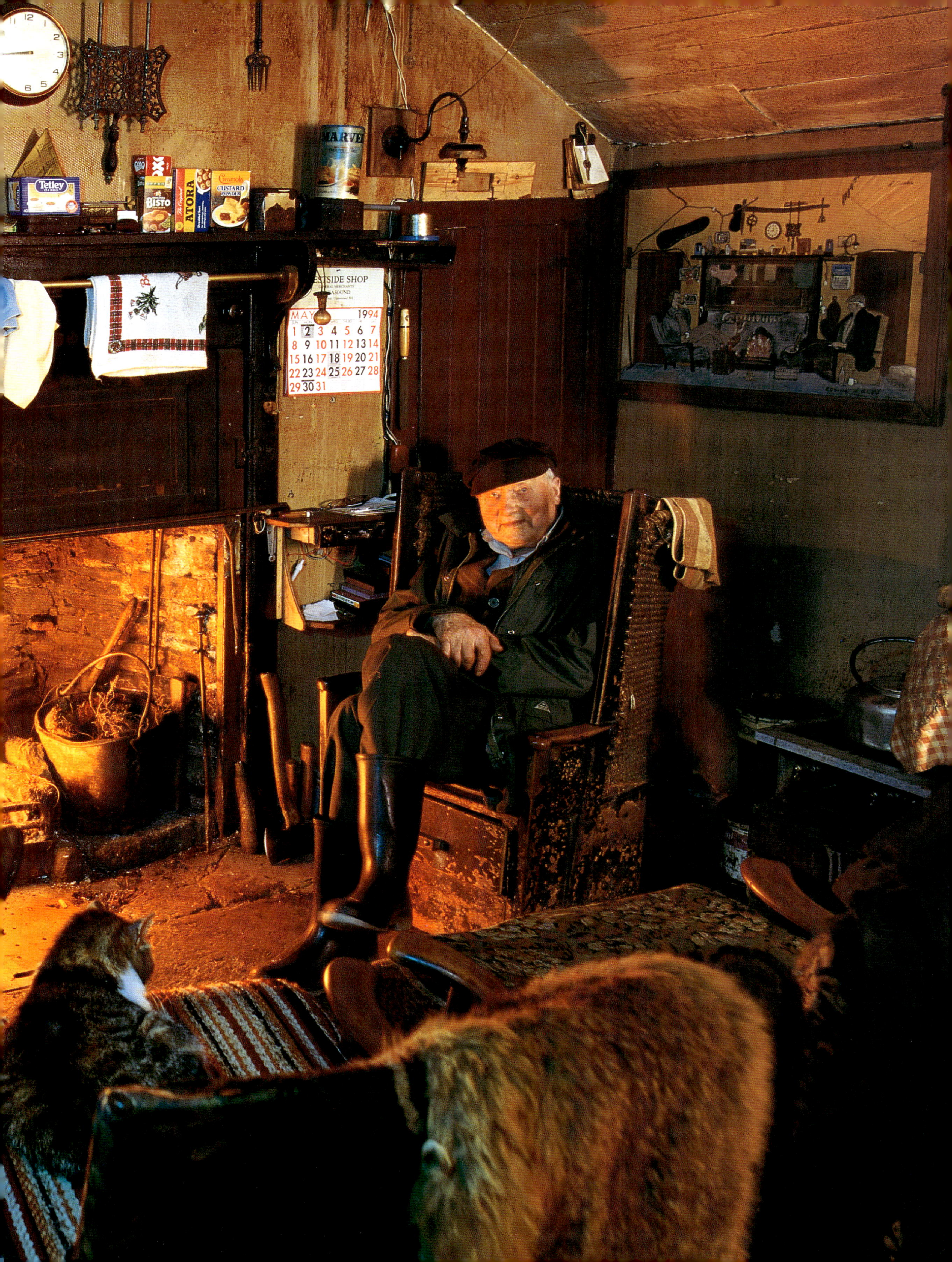
Tetley
BISTO
ATORA
CUSTARD POWDER
MAY 1994

Schottland

Als Ferienresidenz der britischen Königsfamilie ist Balmoral Castle in Deeside mit Sicherheit das bekannteste Haus von ganz Schottland.

Reisehinweise

Anreise/Reisen im Land

Wer Schottland möglichst schnell und direkt erreichen will und es sich erlauben kann, wird das Flugzeug als Transportmittel wählen. Es gibt direkte Flugverbindungen von Frankfurt und Düsseldorf direkt nach Glasgow oder Edinburgh.

Die Weiterreise könnte dann per Bahn erfolgen, wenn man sich auf bestimmte Gebiete beschränken will. Schottland bietet zwar einige der schönsten Eisenbahnstrecken Großbritanniens, aber insgesamt nur ein sehr dünnes Schienennetz.

Busse sind das preiswerteste und beste Transportmittel im Land und verbinden selbst abgelegenste Dörfer mit dem Rest der Welt.

Wer vollkommen unabhängig und mobil sein will, wird mit einem Mietwagen weiterreisen, der während der Hauptreisezeit am besten schon von zu Hause aus gebucht wird.

Ein Großteil der Schottlandreisenden vom europäischen Festland bevorzugt den eigenen PKW. Wer sich die lange Anfahrt über englische Autobahnen weitgehend sparen will, ist mit einer der Fähren nach Nordengland oder Northumberland gut bedient. Von Zeebrügge oder Rotterdam nach Hull (täglich) und von Hamburg aus nach Newcastle (jeden 4. Tag) reist man bequem über Nacht und hat es nach Ankunft um 8.00 Uhr bzw. 15.00 Uhr nicht mehr weit bis nach Schottland.

An das Fahren auf der linken Straßenseite gewöhnt man sich schnell. Beim Überholen ist wegen der Linkssteuerung Vorsicht geboten. Eine schottische Besonderheit sind die einspurigen Straßen, die in einigen Teilen des Nordens und Westens (zum Glück immer) noch existieren. Hier ist Gegenverkehr oder Überholen nur an Ausweichstellen möglich und rücksichtsvolles Fahren besonders gefragt. Da die Straßen oft durch Weide- oder Moorgebiete ohne Einzäunung führen, gebieten weidende Schafe und Lämmer am Straßenrand ohnehin ein entsprechend angepaßtes Fahrtempo. Insgesamt ist Schottland durch Straßen sehr gründlich erschlossen. Auch die 130 bewohnten Inseln sind über Fähren gut erreichbar. In der Hauptreisezeit sind Vorausbuchungen für Fahrzeuge notwendig.

Auskunft/Information

Umfassende allgemeine Information über alles, was Schottland-Reisende interessiert, bietet vor Reiseantritt die
Britische Zentrale für Fremdenverkehr
Taunusstr. 52-60, 60329 Frankfurt
Tel. 069/2380711
Die zuständige Behörde für ganz Schottland, die auch bei Sonderwünschen und Spezialinteressen helfen kann, ist das
Scottish Tourist Board
23 Ravelston Terrace, Edinburgh EH4 3EU
Tel. 0131/332 2433
Darüber hinaus sind mehr als 170 Tourist Information Centres über das ganze Land verteilt. Sie sind meist von Montag bis Freitag zwischen 9.00 und 17.00 Uhr geöffnet und stehen dem Reisenden mit Rat und Tat, zum Beispiel bei Zimmervermittlung, hilfreich zur Seite.

Essen und Trinken

Schottland Küche ist besser als ihr Ruf, kann sie doch auf beste Naturprodukte zurückgreifen. Wo sonst gibt es so gutes Lamm- oder Rindfleisch, so frischen Fisch, köstliche Schalentiere und bestes Wild? Durch die historische Beziehung zu Frankreich waren nicht nur kulinarische Anregungen, sondern auch Weine aus Südeuropa seit Jahrhunderten bekannt und geschätzt. Die Küche der einfachen Leute mußte mit schlichteren Vorgaben auskommen, schuf aber durchaus wohlschmeckende Gerichte, kräfte Suppen und das deftige Nationalgericht „haggis", das vom äußeren Erscheinungsbild her allerdings nicht gerade einladend wirkt. Das gehackte Innere des ballonartigen Gebildes, das sich aus Schafsinnereien, Hafermehl, Zwiebeln und Gewürzen zusammensetzt, soll aber recht pikant schmecken.

Eiligen Reisenden bieten die fast überall vertretenen Tearooms, Coffeeshops, Cafeterias, Take-aways oder Fish and Chips-Buden kleine Gerichte, Snacks und Sandwiches. Nach dem umfangreichen und sättigenden schottischen Frühstück kommt ohnehin so schnell kein Hunger auf.

Neben dem Nationalgetränk Whisky wird in Schottland auch viel Bier getrunken (Lager, Bitter, Heavy, Stout, Real Ale) und natürlich immer wieder eine gute Tasse Tee zu jeder Tages- und Nachtzeit.

Freizeit- und Sportaktivitäten

Schottland ist ein Land, das Ruhe und Entspannung vermittelt, aber auch zu vielerlei Aktivitäten verlockt. Oft sind es gerade diese Betätigungen, die die Schönheit der Natur hautnah erleben lassen. Die beliebtesten Sport- und Freizeitaktivitäten für Urlauber in Schottland sind:

Lachs- und Forellenangeln in den zahlreichen Flüssen und Seen zwischen Tweed und Thurso, Halladale und Ayr.

Wandern und Bergsteigen im Hochland und auf der Isle of Skye; auch wenn nur sieben Gipfel höher als 1200 Meter aufsteigen, bieten die schottischen Berge echte sportliche Herausforderungen.

Golfspiel auf mehr als 400 Plätzen; Golf ist für die Schotten ein beliebter Volkssport und auch für Durchreisende leicht zugänglich und erschwinglich.

Bird Watching für Hobby-Ornithologen zum Beispiel auf dem Bass Rock bei North Berwick, auf der Isle of May vor Anstruther, auf Handa Island bei Scourie oder auf den Orkney und Shetland Inseln.

Segeln und anderer Wassersport wie zum Beispiel Kanufahren, Raften, Surfen, Tauchen. Reiten und Pony-Trekking querfeldein, vor allem im südlichen Schottland.

Fahrradfahren, zum Beispiel im Borderland.

Reisezeit/Wetter/Kleidung

Im Juli und August gibt es das dichteste Angebot an Unterhaltung, Festivals, Unterkünften, Restaurants, Verkehrsverbindungen. Dann herrscht aber auch der größte Rummel, gibt es die meisten Mücken und „mitches", und atlantische Tiefs ziehen häufig regenbringend übers Land. Wer nicht auf Schulferien angewiesen ist, sollte die trockeneren Monate Mai und Juni bevorzugen, wenn die nordischen Lichtverhältnisse besonders lange Tage bescheren und Stechginster oder Rhododendron in der Landschaft herrliche Farbakzente setzen. Aber auch die herbstliche Nebensaison im September/Oktober hat ihren ganz eigenen Reiz. Das äußerst abwechslungsreiche Wetter macht keinen großen Unterschied zwischen Haupt- und Nebensaison und erfordert das ganze Jahr über entsprechend angepaßte Kleidung; ein regen- und winddichter Anorak und ein warmer Pullover samt Mütze gehören genauso ins Gepäck wie leichte T-Shirts und Sonnenbrille. Bewährt hat sich das Zwiebelhautprinzip, d.h. möglichst viele Kleidungsstücke, die übereinander passen und leicht an- und ausgezogen werden können, je nach Wechsel der Temperaturen.

Sehenswürdigkeiten

Aus der unzähligen Menge lohnender Ziele in Schottland kann hier nur ein Bruchteil erwähnt werden.

Für geschichtlich und vorgeschichtlich Interessierte ist Schottland eine wahre Fundgrube. Erstaunlich gut erhaltene Siedlungen, Kammergräber, Steinkreise aus der Steinzeit, Bronze- und Eisenzeit sind besonders auf den Hebriden und auf Orkney zu finden; z.B. die geheimnisvollen Standing Stones von Callanish auf Lewis, die als die bedeutendste prähistorische Kultstätte der Britischen Inseln nach Stonehenge gelten; der Steinkreis Ring of Brodgar, das große Kammergrab Maes Howe und das steinzeitliche Dorf Skara Brae auf Mainland/Orkney; der Mousa Broch und der Jarlshof auf Shetland. Durch das Eingebettetsein in die Landschaften zwischen Himmel und Meer geht von den alten Stätten ein ganz eigener Zauber aus.

Darüber hinaus gibt es mehr als 1200 Burgen, Schlösser und Festungen in Schottland, in allen Stadien der Pracht und des Verfalls, datierend von 1150 bis zum Ende des 17. Jahrhunderts. Nach dem endgültigen Frieden mit England Mitte des 18. Jahrhunderts wurden zudem ein Reihe prächtiger Paläste und Herrenhäuser gebaut. Jedes Bauwerk hat seine eigene, z.T. recht blutige Geschichte und oft auch sein Gespenst. Besonders sehenswert sind:

in Südschottland: Smailholm Tower und Floors Castle in den Borders, Caerlaverock Castle bei Dumfries, Drumlanrig Castle, Culzean Castle bei Ayr;

in Zentralschottland: Edinburgh Castle, Stirling Castle, Falkland Palace, Scone Palace; in den Grampian Highlands: Glamis Castle, Dunnottar Castle, Crathes Castle and Gardens, Balmoral Castle, Blair Castle, Craigievar Castle, Urquart Castle;

in Nord- und Westschottland: Dunrobin Castle, Girnigoe Castle bei Wick, Ardvreck Castle, Eilean Donan Castle, Dunvegan Castle auf Skye, Duart Castle auf Mull, Kilchurn Castle am Loch Awe.

Alte Kirchen und Klosteranlagen sind wenige erhalten, aber selbst als Ruinen noch äußerst sehenswert, besonders die vier bedeutenden Grenzlandabteien Kelso, Jedburgh, Dryburgh und Melrose, Sweetheart Abbey bei Dumfries, St. Giles Cathedral Edinburgh, St. Mungo's Cathedral Glasgow, St. Andrew's Cathedral, Elgin Cathedral, Iona Abbey, St. Magnus Cathedral Kirkwall, Orkney.

Irdische Genüsse haben die mehr als 100 Whisky-Brennereien zum Ziel, die das berühmteste aller schottischen Getränke, den Single Malt Whisky, herstellen. 46 davon bieten Besichtigungen an, besonders entlang dem 70 Meilen langen „Malt Whisky Trail" in der Region Speyside. „A wee dram" (ein Gläschen) zum Probieren gehört selbstverständlich mit zur Führung. Ob der sanfte trockene Glenkinchie, der fruchtig-süße Dalwhinnie mit dem Hauch von Heidekraut, der rauchige Cragganmore, der torfige Lagavulin oder eine der vielen anderen Sorten – jede findet ihre Liebhaber. In den Farbtönen, Düften und unterschiedlichen Geschmacksrichtungen läßt sich das Land in seiner Vielfalt schmecken, riechen und sehen und das seit mindestens 500 Jahren.

Highland-Games sind typisch schottische Sehenswürdigkeiten der sportlichen Art mit sehr langer Tradition. Von Juni bis September finden landauf, landab rund 60 dieser Hochlandsportfeste statt, mit so urigen Kraftdisziplinen wie Baumstammwerfen, Steinestemmen, Hammerschleudern, Tauziehen und Wettlauf. Daneben gibt es viel Dudelsackmusik und Volkstanz als Umrahmung und auch als Wettbewerb und viel Spaß bei Teilnehmer und Zuschauern.

Für Liebhaber traditioneller schottischer Musik lohnt sich der Besuch eines Folk-Festivals unbedingt. Von Edinburgh in der Vorosterzeit, über Shetland und Mull im April bis zum Festival der gälischen Musik und Sprache im Oktober an wechselnden Orten ertönen vielerorts die klassischen Instrumente und Melodien, aber auch neue Kombinationen mit Pop-Elementen und sozialkritischen Inhalten.

Auch sonst gibt es besonders im Juni, Juli und August neben dem weltberühmten Edinburgh Festival eine Vielzahl von Veranstaltungen, Feiern, Wettbewerben, Ausstellungen; und das alles nicht nur für Touristen. Die Schotten feiern selbst ausgesprochen gerne.

Besondere Highlights sind ferner: die malerischen alten Fischerdörfer auf der Halbinsel Fife und an der Küste von Banff, der Fischmarkt mit Versteigerung in Kinlochbervie, das Balnakeil Craft Village mit seinen vielen verschiedenen Künstlern und Handwerkern, das Corrigall Farm Museum auf Mainland Orkney, das Black House in Arnol auf Lewis, der Leuchtturm Neist Point auf Skye, das Städtchen Culross mit seiner „old-world-atmosphere", das New Lanark Visitor Centre, die Kleinstadt St.Andrews, die malerische Altstadt von Edinburgh.

Unterkunft

Schottland bietet Übernachtungsmöglichkeiten für jeden Geschmack und Geldbeutel: vom eleganten Luxushotel oder der exklusiven Country-Lodge über die freundliche Pension, das gemütliche „Bed and Breakfast" in Privathäusern, den Campingplatz, das Cottage für Selbstversorger bis zur Jugendherberge (ohne Altersbegrenzung) oder der Möglichkeit, wild zu campen. Wer Qualität und Komfort der Unterkunft nicht dem Zufall überlassen will, kann sich nach der Bewertung des Scottish Tourist Board richten (ovale blaue Plaketten). In der Vor- und Nachsaison stellt das Finden von Quartier in der Regel kein Problem dar; während der Hauptreisezeit vor allem in stark frequentierten Gegenden ist Vorausbuchung dringend zu empfehlen.

Auch die kleinste Whiskybrennerei Schottlands, Edradour bei Pitlochry, lohnt einen Besuch.

Literaturhinweise

H. Aitken und R. Michaelis-Jena (Hrsg.): Märchen aus Schottland. Hamburg 1993

Douglas Dunn: Scotland: An Anthology. London 1992

Matthias Eickhoff: Schottland – vom Nationalismus zur Europäischen Union? Münster 1994

Theodor Fontane: Jenseit des Tweed, Bilder und Briefe aus Schottland. Frankfurt 1989

Barbara von Kalckreuth: Schottland. Köln 1991 (Preiswert Reisen)

Renate und Achim Kostrzewa: Schottland mit England und Wales. München 1994 (Reiseführer Natur)

Fizroy MacLean: Scotland. A Concise History. London 1993

Merian Schottland. Hamburg 1993

John Prebble's Scotland. London 1986

Peter Sager: Schottland. Köln 1993

T.C. Smout und S. Wood: Scottish Voices 1745-1960. London 1991

Tom Scott (Hrsg.): The Penguin Book of Scottish Verse. London 1970

Hermann Vogt: Kulturen der Einsamkeit. Der keltische Rand Europas. Darmstadt 1994

Die Autoren

Rainer Elpel
geboren 1951. Ab 1979 als Fotograf in der Werbung tätig. Seit 1984 selbständig. Neben seiner Werbe- und Industriefotografie arbeitet er für namhhafte Fotomagazine, Reiseführer- und Kalender-Verlage. Seine Fotoreisen führten ihn duch Europa, in die Karibik und nach Neuseeland. Im Artcolor Verlag sind von ihm die Bildbände „Franken" und „Neuseeland" erschienen.

Ursula Kaschmieder
geboren 1949, Diplom-Psychologin. Sie ist neben der Arbeit in ihrem Beruf als freie Reisejournalistin tätig. Die Reisen mit ihrem Mann Rainer Elpel machten sie zu einer sachkundigen Autorin über Neuseeland und viele Reiseländer Europas. Für den Artcolor Verlag war sie Textautorin des Großbildbandes „Neuseeland".

Im Artcolor Verlag sind außerdem erschienen:

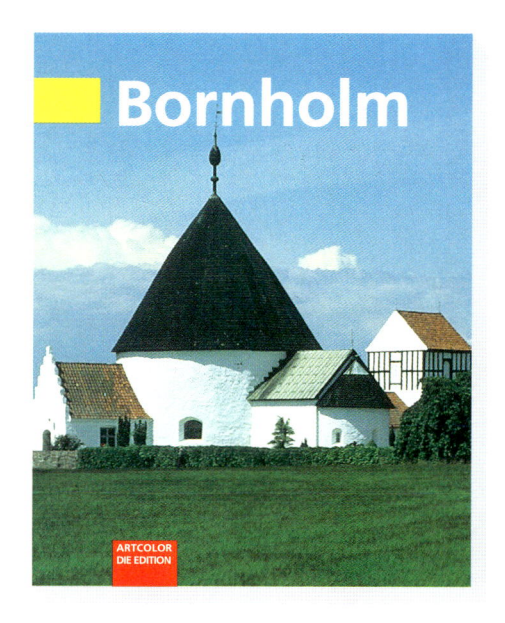

Stephan Gabriel
Bornholm
80 Seiten, 80 Abbildungen
29,80 DM
ISBN 3-89261-114-9

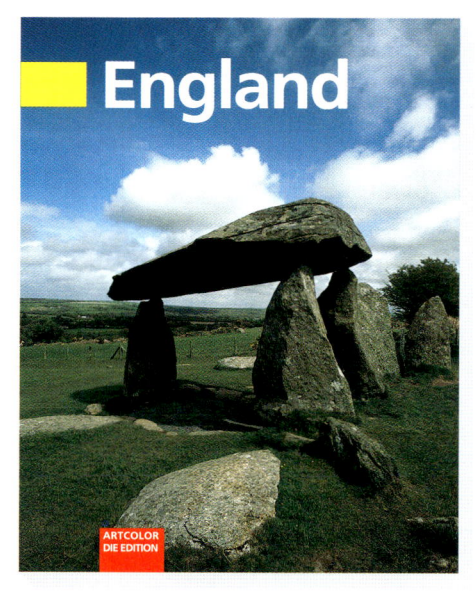

U. Haafke / E. Schwender
England
160 Seiten, 120 farbige Abbildungen
58,00 DM
ISBN 3-89261-152-1

Peter Gebhard
Island
168 Seiten, 151 farbige Abbildungen
44,00 DM
ISBN 3-89261-135-1

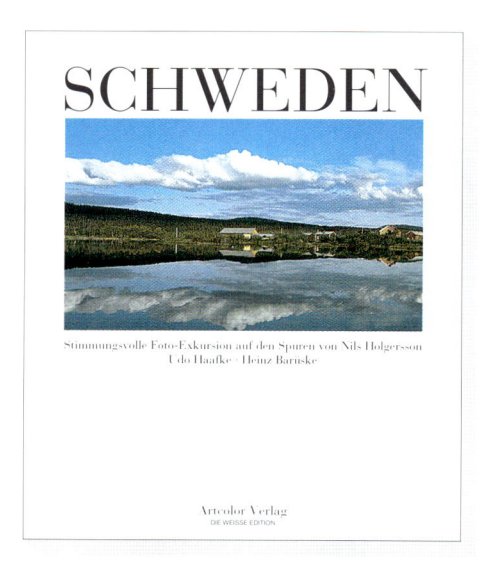

Udo Haafke / Heinz Barüske
Schweden
80 Seiten, 80 farbige Abbildungen
29,80 DM
ISBN 3-89261-064-9

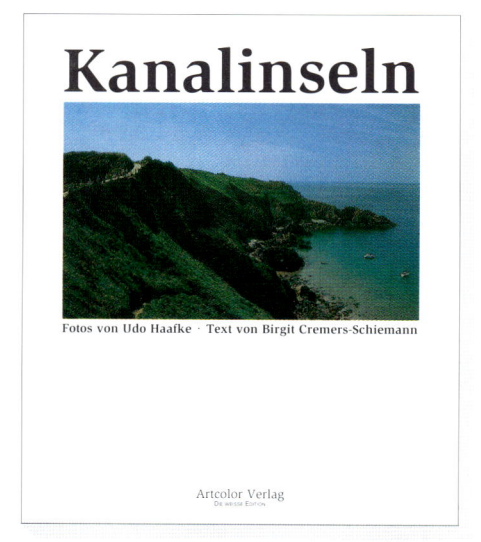

U. Haafke / B. Cremens-Schiemann
Kanalinseln
80 Seiten, 96 farbige Abbildungen
29,80 DM
ISBN 3-89261-092-4

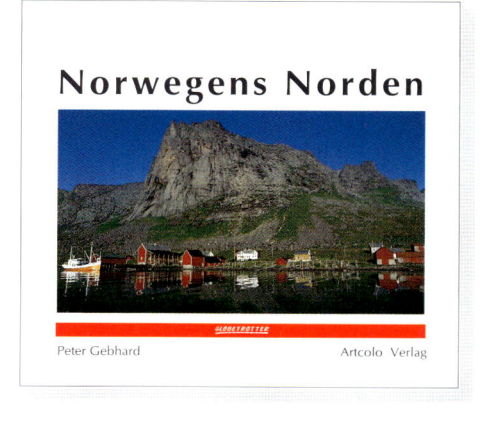

Peter Gebhard
Norwegens Norden
168 Seiten, 149 farbige Abbildungen
44,00 DM
ISBN 3-89261-136-X